五感のデザインワークブック

「感じる」をカタチにする

横山 稔

彰国社

ル・コルビュジエの手は、その思考のように、
常に探求する手であった。

ものを知り、ものをつかむために、
ものを握りしめる手。
手は知識と存在の源泉である。

by アンドレ・ヴォジャンスキー

アンドレ・ヴォジャンスキー著、白井秀和 訳
『ル・コルビュジエの手』中央公論美術出版、2006

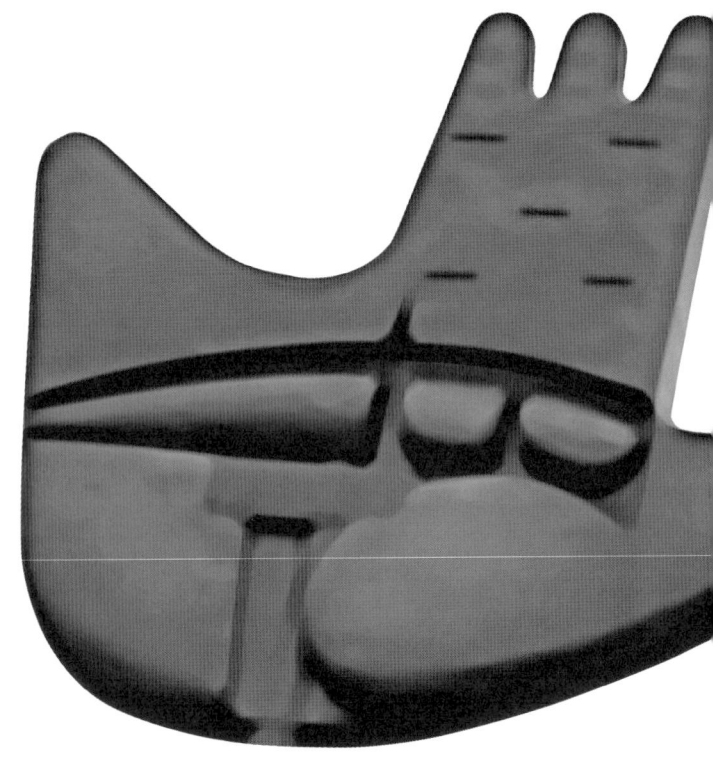

はじめに

危険と隣り合わせだからこそ気づけた「五感」

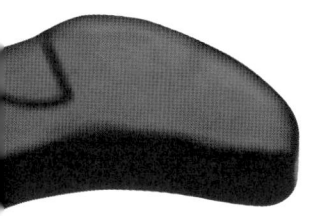

このワークブックのもととなる「五感のデザイン」のきっかけは、1990年代初頭にニューヨークで過ごした大学院時代にさかのぼります。この時の私は、アメリカのインテリアデザインを肌で感じようとしてニッポンから来た、平和ボケした留学生でした。ところが、授業初日のガイダンスで行われたセルフディフェンス：護身術の実演に、大きなショックを受けました。大学院があったのはブルックリンで、私の住んでいたニューヨーク市内からは地下鉄で通えますが、その地下鉄がとても危険だという大学側の説明だったのです。もし人気のないホームから暴漢に線路へ引きずり降ろされたら？ 銃の音が聞こえたら？……。

今までこわい目に遭ったことのない私にとっては、アクション映画のワンシーンのように感じましたが、実際に通学してみると、似た場面に出くわすこともあり、どうしたら安全に過ごせるか悩んでしまいました。そんな時に意識したのが「五感：視覚、聴覚、嗅覚、味覚、触覚」です。周りの環境音に耳を澄ませ、異常な匂いに敏感になり、危険な気配を全身で感じる……今の安全になったニューヨークからは想像もつきませんが、当時はDNAに織り込まれている五感センサーを最大限に活用しないと、サバイバルできないと感じました。日本では常時耳に付けていたヘッドフォンステレオもはずし、つねに全身の五感センサーをオンにして生活していました。この習慣は、安全で素敵なレストランに入ってもオフにはならず、日本に居た時には感じることのなかった、空間を五感で感じるきっかけになったのです。それからは、居心地の良い場所にいるとすべての五感が幸福感に浸れることに気づきました。逆もまたしかりです。このニューヨークでの体験がきっかけとなり、大学院卒業後に助教授として赴任したアリゾナ州立大学で、「五感のデザイン：Five Senses of Design」と題して、音からイメージしたものを創造するインテリアデザインの授業をスタートしたのです。

平和で便利な環境に慣れきってしまった私たち

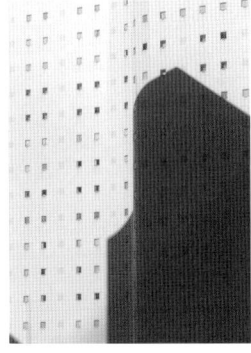

アメリカから帰国して何年もたちますが、気がつけば日本の都市部では人口密度が上昇するとともに、ランダムに雑草の茫々と生えた自由に出入りできる自然な空き地がなくなり、都市では、目・耳・口・鼻・手足の感性すべてをフルに駆使して生きる場面は少なくなってきました。都市の人工的な建築は、多くがツルッとしてピカピカの素材で埋め尽くされ、視覚的な刺激の強い看板やファサード、大きな声でコマーシャルを流すスピーカーの音、車の騒音などでマスキングされています。多くの人が耳をイヤフォンで覆い、うつむき加減に携帯電話の文字情報に一喜一憂し、片手にはコンビニで買った、ビニールのパッケージ食品を手に歩いています。雨でも舗道にはぬかるみがなく、平衡感覚を意識せずとも平穏に移動でき、住宅やオフィスのインテリアデザインは高気密・高断熱で、外の気配や季節感を感じることが少ないのではないでしょうか。またリアルな素材も少なく、大抵仕上げはフェイクの木や石。こういった自然を感じることのほとんどない人工的な都市は、利便性と引き換えに、五感の刺激にも乏しい環境になってしまいました。空調のきいた、遮音された高層ビルのオフィスに一日中いると、天候の変化や外の気配すら感じることはありません。

このような人工的で安全な現代社会の中で生活していると、どんどん自然との関わりの接点である五感が鈍化してしまいます。極端に言えば、古代からDNAに組み込まれた、生きるために必要だった五感の感覚さえも薄れ、感じることの少ない退化の方向へ進んでしまうように感じます。

日本は五感文化

かつて日本人は、生活空間に彩りをそえる四季の変化とともに暮らしてきました。豊かで工夫に満ちた美しい伝統的な日本の建築空間では、季節に合った建具を入れ替え、風をインテリアに招き入れたり、縁側で家族とスイカを食べたり、雨音のリズムを楽しんだりと、積極的に身体と空間、外界との関わりを求めてきました。言葉を換えれば、五感、つまり全身で感じながら生活することが、普通のありようでした。日本の文化は、五感の文化でもあったのです。

スキル以上に必要な感覚

デザインの分野には、建築やインテリア以外にさまざまな職種があります。空間演出、グラフィックデザイン、プロダクトデザイン、パッケージデザイン、ファッションデザイン、舞台デザインなど。それらデザインに関わるすべての人に求められる資質は、まずカタチやカラー、素材についての知識や経験、コンピュータで絵を具体的に描くといったスキルです。しかし、それ以前に共通して目指すものは、人の幸せを生活や産業、文化の関係の中で創出するという理念です。幸せとは、全身で、五感で人間が感じるものであって、単に頭の中だけで考えるものではありません。五感が喜ぶ空間や、モノ・コトのデザインを提供する立場のデザイナー、それを目指すあなたは、五感やその周辺の気配に、人一倍気を配る必要があるでしょう。

そういった背景をふまえ、このワークブックでは、とくに空間や身体との対話や、周辺環境や自然との接点を、五感を使った演習を通して意識してみようと思います。身体感覚、五感やそれに伴う気配について再発見するための演習メニューを用意しました。これらは、アリゾナ州立大学で行った授業「五感のデザイン」から発展したカタチで行った、武蔵野美術大学短期大学部、静岡文化芸術大学、文化学園大学での五感に関する空間演習課題をもとに作成しています。

「感じる」をカタチにするための、五感を生かした空間デザイン力をつける方法や習慣を、このワークブックで一緒に取り組んでいきましょう。ここで養った五感のデザイン感覚や感性が、あなたにとって新たなデザインの方向性を探る時の、揺るぎない羅針盤（直観力）となることを願っています。

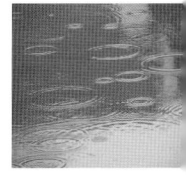

はじめに……P3

デザインの源は［五感］を意識し、行動することから始まる。……P8

五感のデザイン表現には、
太く、柔らかく、濃い画材を使いましょう。……P10

☝ ウォーミングアップ エクササイズ……P11

過去の空間体験を
思い出してみよう。

五感の空間履歴書……P12

身体を使って物を測ろう。

五感メジャー……P20

✌ ウォーミングアップ エクササイズ……P29
🖖 ウォーミングアップ エクササイズ……P29

耳で空間のイメージを
描いてみよう。

聴想空間……P42

音楽のリズムを感じるままに
描いてみよう。

音想空間……P46

✋ ウォーミングアップ エクササイズ……P51
✋ ウォーミングアップ エクササイズ……P51

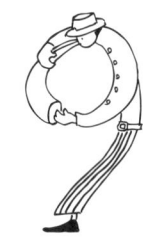

味と空間の関係を
探ってみよう。

味想空間……P62

相手に口で空間イメージを
伝えてみよう。

口伝空間……P68

空間とのファーストコンタクトを意識してみよう。
身体・空間関係性スケッチ……P30

指先の記憶を呼び覚ましてみよう。
触覚（砂絵）スケッチ……P34

✋ ウォーミングアップ エクササイズ……P41
✋ ウォーミングアップ エクササイズ……P41

読書でデザインの想像力を磨こう。
読想空間……P52

香りから連想する色のイメージ空間。
香色空間……P56

身体で記憶するデザインのカタチ。
アーキヨガ……P74

✋ ウォーミングアップ エクササイズ……P79
✋ ウォーミングアップ エクササイズ……P79

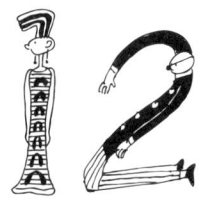
日々の気づきで感性の扉を開こう。
五感のデザイン日記……P80

✋✋ ウォーミングアップ エクササイズ……P90

おわりに……P91

DTP・装幀：小田敬子　　イラスト：中野直

デザインの源は［五感］を意識し、行動することから始まる。

全身で感じて、身体の記憶に残る感覚は、頭だけで考え理解した知識とは異なる場所にストックされます。目で、耳で、口で、鼻で、手足で得た感覚や養われた感性は、デザインを生み、カタチへと孵化（ふか）させる源となるのです。そして、混沌としたこの世界の中で、とても信頼できるデザインの羅針盤（直観力）となります。

さあ、自由に五感の帆を広げ、デザインの源を探しに航海へ出かけましょう！

心地良い空間は、心地良い香りを伴っています。かつて大多数の日本の住宅には、いつもわずかに畳のイグサの香りが漂っていました。この香りには、季節感溢れる日本料理、開け放した開口部から流れ込む爽やかな風と、ブレンドされた庭の木々や草の匂いがよく馴染んでいました。今でもこういった香りに出会うと、その時の光景が鮮やかに蘇ります。空間は、嗅覚でも記憶されるのです。記憶に残るデザインづくりに、香りへの意識的な配慮は欠かせません。

デザインする過程では、さまざまな人とのフェイス・トゥ・フェイスのコミュニケーションが必要となります。

情報は、人と話すことで初めてビジュアル化され、身体化した後に整理されて、やがてデザインのきっかけを得るための源となります。

あなたは、干しブドウを食べながら、太陽のあたたかさを感じたことはありますか？ 味覚については、単に美味しいかどうかだけではなく、その味わいからほかの感覚を意識的にイメージすることで、次第に豊かな感性が養われるのです。

建築は、「凍れる音楽」であると言われます。規則的に並ぶ柱に囲まれた、石造りの教会に佇み目を閉じれば、空間にひそむリズムが聴こえてきませんか？ 微細な空間の音に耳を澄ませば、空間のカタチや時間の流れも感じることができるでしょう。足早に通り過ぎる人々の足音も、音楽のリズムを奏でているように感じてきます。自分が快適に思えるリズムを探し出すことが、素敵なデザインを生むきっかけになるでしょう。

デザインの初期段階の、アイディアを練るプロセスでは、白い紙に無数のラインや点、面を描きます。そしてデザインの決断を下す時、その無数のドローイングからひとつのフォルムを選び出します。無数のドローイングには、予期できなかった、偶然引いてしまった1本の幸運のラインがひそんでいるかもしれません。そしてそれは美しいデザインを生み出す源流となるのです。手の感覚を研ぎ澄ますのは、まさにその1本を紡ぎ出す感覚を磨くためです。手は、暗闇の中でも触れば表面の違いを感じることができます。手には真実を見極める目も宿っているのです。

朝、目覚めてから、見るモノすべてに生まれて初めて見るような気持ちで接してみましょう。かつて誰でももっていた、無垢な幼児の目に戻ることができれば、窓辺で風に踊るカーテンさえも、壮大なドラマに見えてくるでしょう。意識して見ることで、あなたは、ほかの感覚さえ呼び覚ますことができるようになります。カフェに掛かる1枚の白黒写真のフランスパンを見て、パリパリという千切る時の音が、カサカサした触り心地が、リアルに体験できるようになります。

芝生のある公園に出かけ、裸足になり、目を閉じて大地の感触を静かに感じてみましょう。風のざわめき、鳥の歌、太陽のリズムが全身で感じられますか？ デザインは、単にカタチをつくることだけではありません。風土を感じ、その気配もデザインに織り込むことが大切です。風と土を感じて、大地との幸せな関係を表現することを、人は建築と呼ぶのかもしれません。また足は、行動のシンボルでもあります。五感を磨くには、まず行動ありきです。街や自然の中に積極的に出かけて、五感のショートトリップを楽しみましょう。

五感のデザイン表現には、太く、柔らかく、濃い画材を使いましょう。

このワークブックでは、五感を刺激する演習が用意されています。五感のイメージを表現する画材には、濃く描いたり薄く描いたり、1本の線の中に太い線や細い線を描き分けたり、抑揚や緩急などをつけて表現することが求められます。それには、小さな文字や製図を緻密に書いたりする、細いシャープペンシルや硬いエンピツなどは不向きです。太く、柔らかく、濃い画材で自由におおらかに五感を表現しましょう。

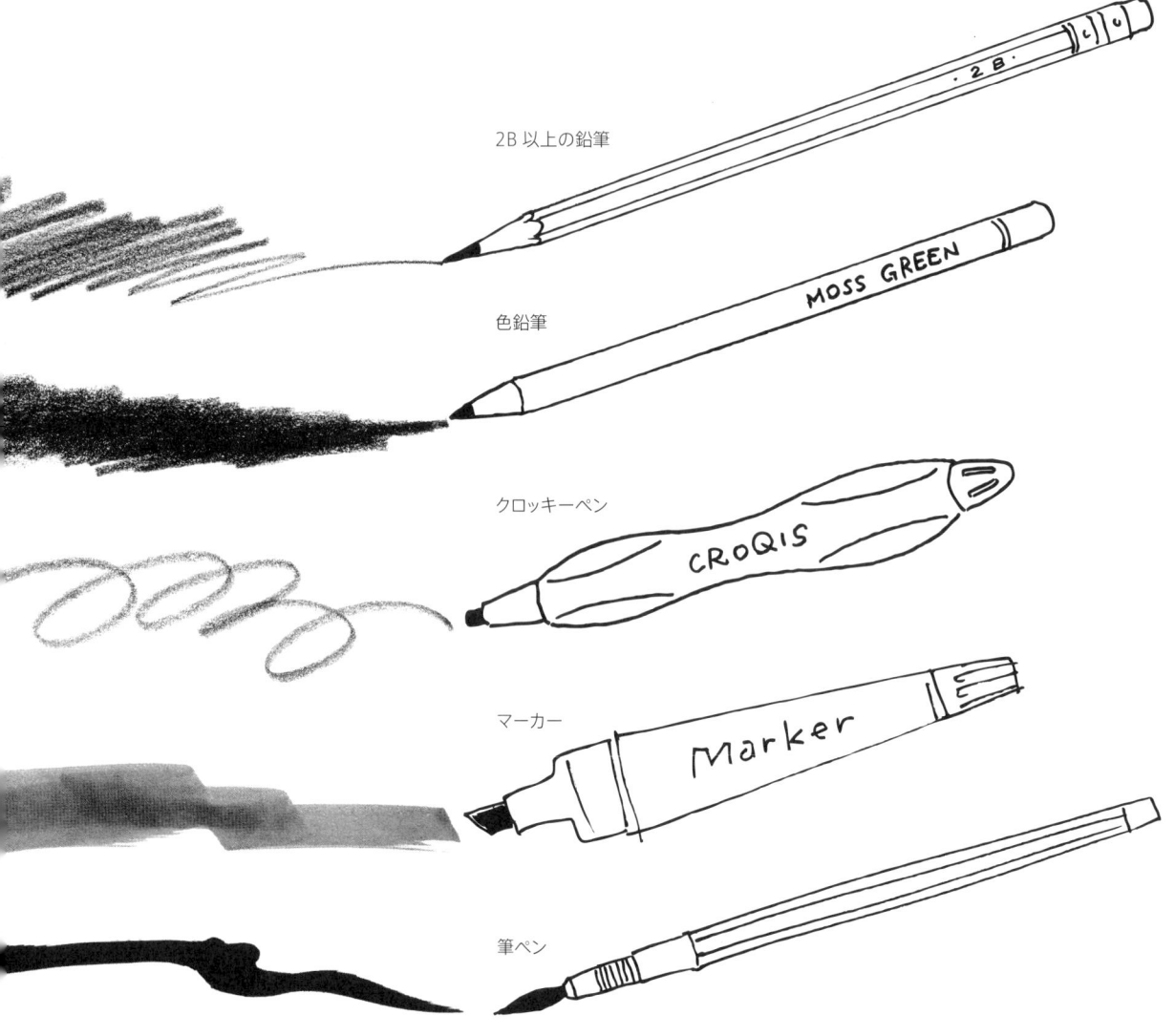

2B以上の鉛筆

色鉛筆

クロッキーペン

マーカー

筆ペン

ウォーミングアップ エクササイズ

一人きりの空間で、呼吸に集中する。

空間の空はウツとも呼び、何もない状態を示します。
各演習に取り組む前、あるいはクリエイティブな活動の前に、ゆったり座り、静かに目をつぶり呼吸を深く整え、ココロを重力から解放して遊ばせましょう。
息を吐く時はとくに意識して、できるだけゆっくりと吐きます。
慣れてきたら、そのままの状態で３分〜１０分位まで少しずつ時間を延ばしてみてください。
何もないまっさらな時間を体感し、準備を整えます。

五感の空間履歴書

演習
過去の空間体験を思い出してみよう。

静かに目を閉じて、ゆっくり2、3度深呼吸しましょう。

あなたが思い出せる、一番古い空間のイメージはどんな場所ですか？そこでは何に触れましたか？ 聞こえていた音は？

五感の記憶をたぐり寄せ、スケッチやキーワードを織り交ぜながら、描いてみましょう。そして、その記憶について何を感じたか、五感をフル回転させながら、文字で表現してみましょう。

感覚的なことを言語化するのは、自分を客観視し、クリエイティブなデザイン制作に入る第一歩にもなります。

書き込み例

思い出せる一番古い空間のイメージを
フレーム内に描いてみよう。

題名　基地ごっこ（隠れ家）
時期　6歳ぐらい
場所　押し入れの中

Memo　全体的な空間の雰囲気
基地の中にいたのは30分ぐらいだったかもしれないが、感覚的には2時間も3時間も入っていたような気がする。

空間の記憶を五感で表現しましょう。
その時の記憶にない感覚は、その状況においてふさわしいと思われる感覚をイメージしてみましょう。

視 Sight
真っ暗で何も見えないが、ふすまの隙間から光が見えていた。

聴 Hearing
晩ご飯を用意する包丁とまな板の音。

味 Taste
差し入れのみかん。

触 Touch
押し入れの中のザラザラした壁。

嗅 Smell
荷物が暗い場所にずっとしまってあるからか、少しカビくさい。

13

この演習でわかること

空間の記憶は、あなたのデザインの個性につながる。

　過去にあなたが出会った空間の記憶をたどってみましょう。美しいと感動したりがっかりしたり、居心地が良かったり悪かったり、不思議に感じたりと、いくつも思い出せるのではないでしょうか？　記憶に残っている空間の多くは、概しておぼろげなものです。またそれは、頭よりむしろ感覚で直接カラダに記憶されている情報が多いものです。しかし、なぜあの空間が良かったのかとか、なぜ悪いと思ったのかと、その根拠を意識的に考えることで、おぼろげな記憶に輪郭が見えてきます。その輪郭を明確にする方法として、ここでは五感で体験したことを描いてもらいました。

　よく「デザインに個性を出しなさい」と言われます。個性とは言い方を換えれば、自分がもっている感覚や感性でモノやコトをとらえるということです。必ずしも奇抜なモノをデザインすることが、個性的なデザインではありません。自分なりの物事のとらえ方、翻訳の仕方がつかめて、筋道を立ててそれを第三者に説明できることが、個性的なデザインの創出につながるのです。インテリアデザイナーの倉俣史郎さんの著書『未現像の風景』（住まいの図書館出版局、1991）には、こう記述されています。

　　西洋を空想し、建築家を夢想したこの空間の匂いも、音も、全ての形も、人々の声も、草も樹もその記憶は微細をもって私の中に在る。しかし、記憶は想像と夢想のもとで変曲され増幅され、真実から遠くはなれ歪み捏造されているかもしれない。そしてその歪んだ捏造の産物もいつしか現実になってしまっている。しかし、その嘘も、真実も、ともに自分が生きたものであり、自分自身のものであることに変わりはない。私にとって見た夢の体験も含めて記憶は無限の宇宙を構成してくれる。

　倉俣さんは、過去に五感で体験したシーンを、未現像のフィルムになぞらえています。そのフィルムが夢をきっかけとして現像され、作品として数々の個性的で、叙情的なデザインに結実したのです。

　この演習で、あなたの記憶に残る感覚を意識することによって、自分のイメージする空間像が少しはっきりしてきたと思います。あなたの感覚の源泉に触れることで、結果的に個性的なデザインを探すきっかけになるでしょう。

　また空間は見るだけでなく、そこで行われるコトを五感で感じるものでもあります。言葉を換えれば、建築やインテリアをデザインすることは、目に見えるモノ、カタチをデザインするだけでなく、そこで行われる行為や、そこで感じるキモチや五感もデザインすることだといえます。

思い出せる一番古い空間のイメージを
フレーム内に描いてみよう。

題名　　　　　　　　　　　　Memo　　全体的な空間の雰囲気

時期

場所

Touch Taste Hearing Smell Sight (枠線装飾)

空間の記憶を五感で表現しましょう。

その時の記憶にない感覚は、その状況においてふさわしいと思われる感覚をイメージしてみましょう。

視 Sight
触 Touch
聴 Hearing
嗅 Smell
味 Taste

最近最も印象的だった空間のイメージを
フレーム内に描いてみよう。

題名　　　　　　　　　　Memo　全体的な空間の雰囲気

時期
場所

空間の記憶を五感で表現しましょう。

その時の記憶にない感覚は、その状況においてふさわしいと思われる感覚をイメージしてみましょう。

視 Sight
触 Touch
聴 Hearing
嗅 Smell
味 Taste

一番美しいと思った空間のイメージを
フレーム内に描いてみよう。

題名　　　　　　　　　　　Memo　全体的な空間の雰囲気

時期
場所

✦✦Touch Taste Hearing Smell Sight Touch Taste Hearing Smell Sight Touch Taste Hearing Smell Sight Touch Taste Hearing Smell Sight Touch Taste Hearing Smell Sight Touch Taste Hearing Smell Sight Touch Taste Hearing Smell Sight Touch Taste Hearing Smell ✦✦

空間の記憶を五感で表現しましょう。
その時の記憶にない感覚は、その状況においてふさわしいと思われる感覚をイメージしてみましょう。

視 Sight
触 Touch
聴 Hearing
嗅 Smell
味 Taste

一番居心地の良かった空間のイメージを
フレーム内に描いてみよう。

題名 _____ Memo 🚶 全体的な空間の雰囲気

時期 _____
場所 _____

[フレーム：四辺に Touch / Taste / Hearing / Smell / Sight の記号が並ぶ]

空間の記憶を五感で表現しましょう。

その時の記憶にない感覚は、その状況においてふさわしいと思われる感覚をイメージしてみましょう。

視 Sight　　　触 Touch

聴 Hearing　　　嗅 Smell

味 Taste

一番居心地の悪かった空間のイメージを
フレーム内に描いてみよう。

題名　　　　　　　　　　Memo　全体的な空間の雰囲気

時期

場所

空間の記憶を五感で表現しましょう。
その時の記憶にない感覚は、その状況においてふさわしいと思われる感覚をイメージしてみましょう。

視 Sight

触 Touch

聴 Hearing

嗅 Smell

味 Taste

五感メジャー

演習

身体を使って物を測ろう。

空間の大きさ、家具の大きさはどのように測りますか？
たぶん「メジャーで測る」という答えが一般的でしょう。クルクルと巻かれた薄い金属のメタルメジャーや、最新式の手の届かないところまでの距離も測れるレーザーメジャーなど、いろいろな道具が市販されていますが、じつはあなたの身体も、大きさを測るメジャーとなるのです。

　　　　天井はあなたの身長の何倍ぐらいありそうですか？

　　　　部屋の奥行きは端から端まで何歩ぐらい？

　　　　机の幅は両手を広げたぐらいの幅？

身体寸法から推察して測る方法や、目で見当をつけて測る方法があります。
この演習では、身体全体を使って測ることから、総称して五感メジャーと呼ぶことにします。身体と建築・インテリアとの寸法関係を、つねに五感を意識しながら測っていきましょう。

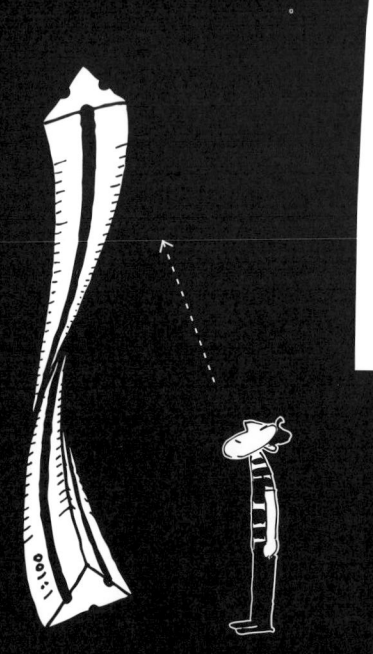

書き込み例

まずは手のカタチを感じてみよう。

身体スケールを考える前の、エクササイズです。
用意するものは、2B以上の鉛筆と手。右手と左手それぞれ、ゆっくりと手の輪郭に沿って鉛筆を動かしていきます。
時間は各1分ぐらい、ゆったりとかけられるといいですね。いつも共にしている自身の手の意外なカタチと、鉛筆の触れる感触を楽しみましょう。
この手から生まれる、将来の無限のアイディアの可能性を想像しながら取り組んでください。

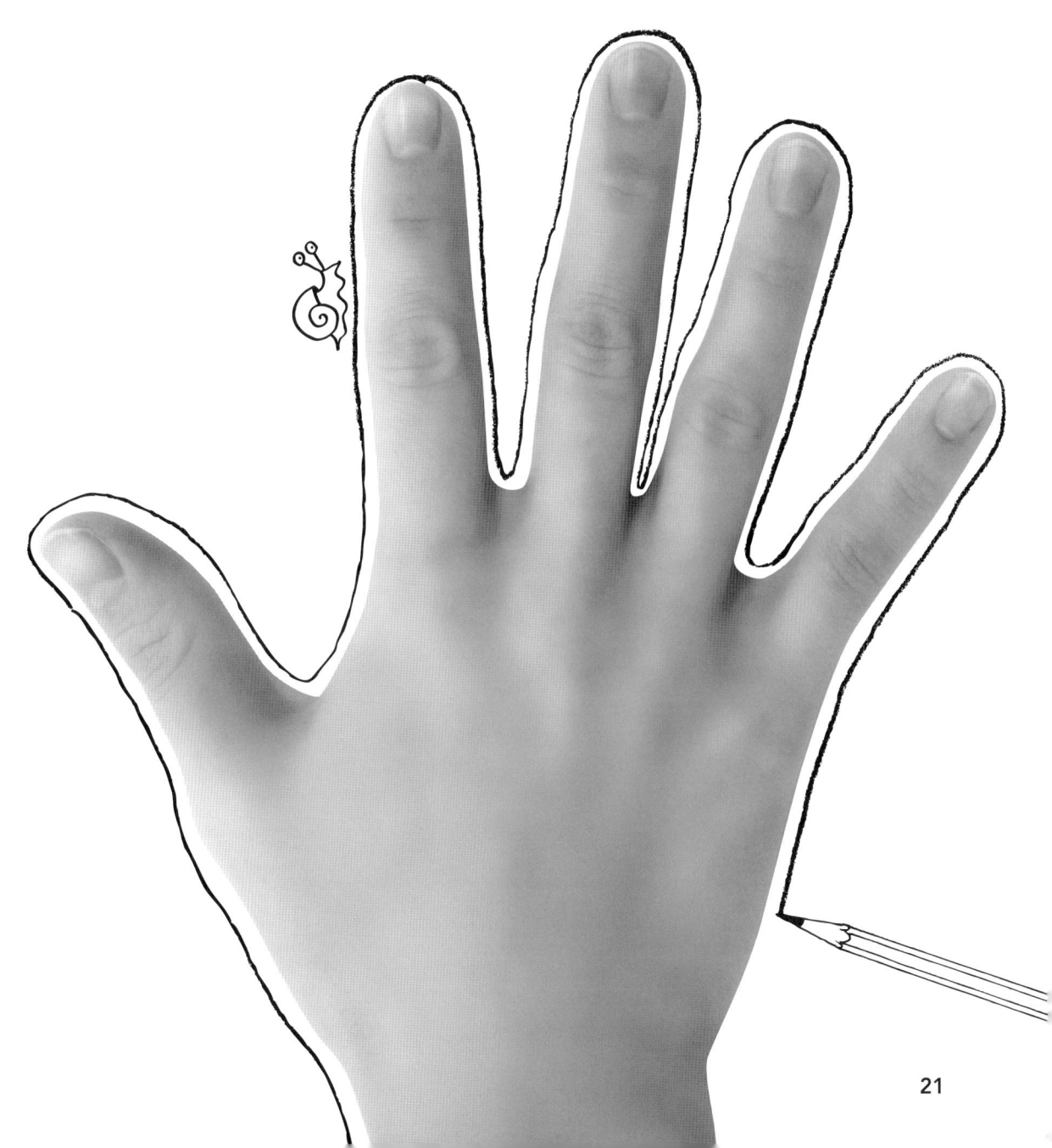

まずは手のカタチを感じてみよう。

身体がメジャーになる瞬間を感じよう。

メタルメジャーを用意します。
寸法線が入っているイラストと同じポーズをとって各部の寸法を測り、書き込みシートに記入していきます。
身体の伸ばし方で寸法が変わってきますので、どれほど伸ばしたのか、感覚として記憶しておきます。
一般に、伸ばせるだけ伸ばしたほうが測りやすいでしょう。
細かい寸法は 5mm 単位で測ります。
これで、身体メジャーができました。

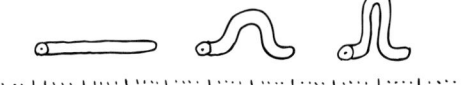

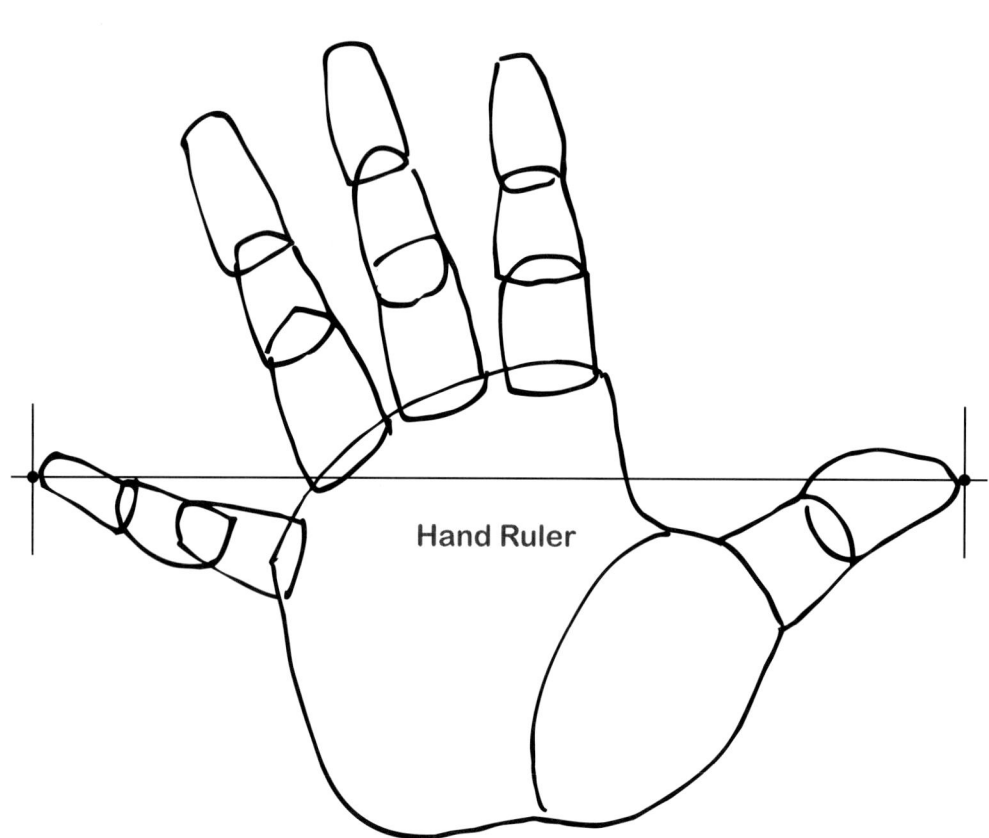

親指と小指を思い切り伸ばした寸法

mm

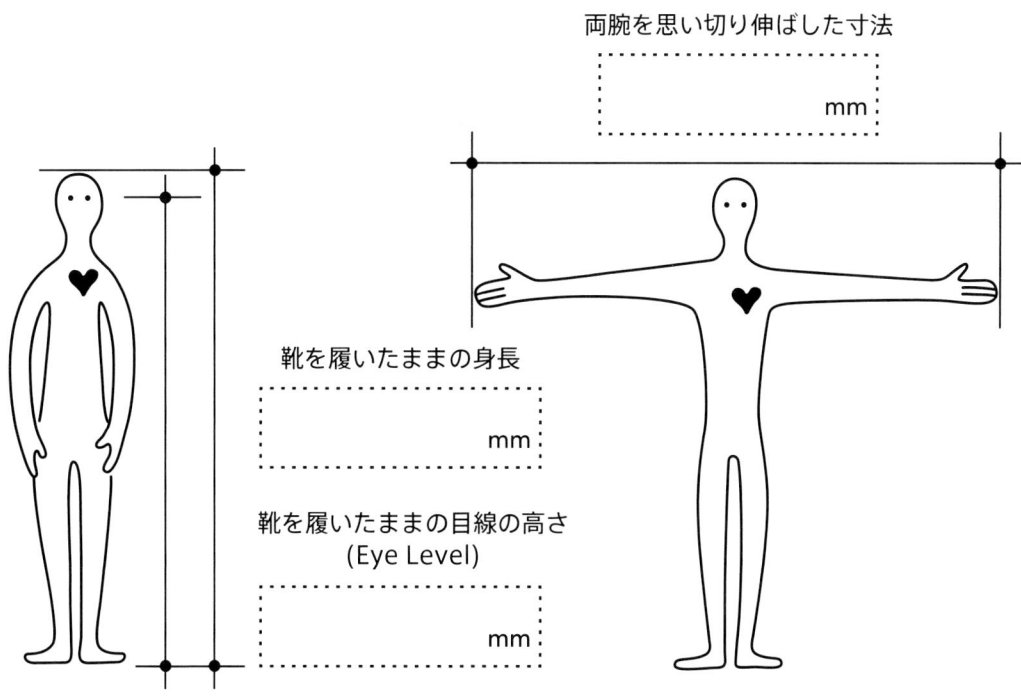

両腕を思い切り伸ばした寸法
mm

靴を履いたままの身長
mm

靴を履いたままの目線の高さ
(Eye Level)
mm

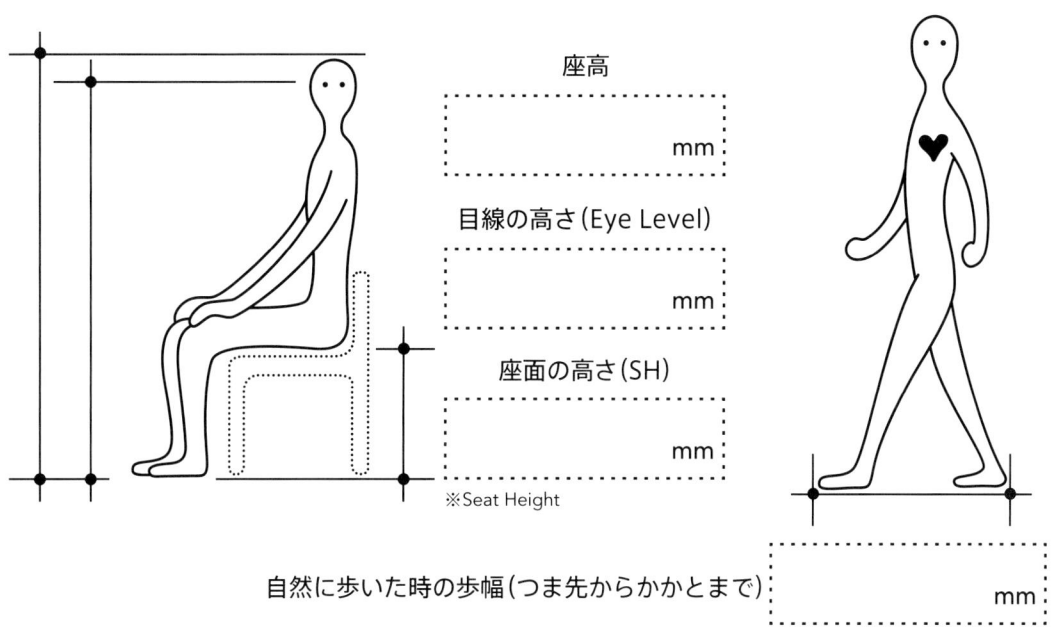

座高
mm

目線の高さ(Eye Level)
mm

座面の高さ(SH)
mm

※Seat Height

自然に歩いた時の歩幅(つま先からかかとまで)
mm

身体メジャーで測ってみよう。

まず、測る対象物を選びます。日常的に使っている家具や空間などから始めるといいでしょう。
書き込みシート左の Sketch 欄に、姿図を描きます。
そして目見当で、各部大体どのぐらいの寸法か、予測して a の目測の欄に記入します。
先ほど測った身体寸法をもとに考えると、見当がつくでしょう。これを目測と呼びます。単位はすべて mm で記入してください。
次に、24・25 頁で寸法を記入した身体メジャーで測ってみましょう。b の体測の欄に記入します。
部屋の大きさも、歩幅×歩数などで見当をつけましょう。
天井高も、身長の高さほどの目印になるインテリアを探し、大体その何倍になるかを計算します。
メタルメジャーは、目測や体測との誤差を計測するための実測に用います。なるべくその誤差が少なくなるようにしていきましょう。表の右 2 つの欄は、実測した寸法から目測・体測した寸法を引くことで、誤差を確認します。
目測、体測、実測の回数を重ねるうちに、誤差も少なくなり精度も上がってくるでしょう。とにかく数をこなすことで習得されてくる勘（直観力）や身体感覚を養います。

書き込み例 単位/mm

Item Sketch		a 目測	b 体測	c 実測	c-a 誤差	c-b 誤差
イサム・ノグチの椅子	W	300	360	360	+60	±0
	D	300	360	360	+60	±0
	H	450	400	420	−30	+20
	SH	450	400	420	−30	+20

Item Sketch		a 目測	b 体測	c 実測	c-a 誤差	c-b 誤差
	W					
	D					
	H					
	SH					

Item Sketch		a 目測	b 体測	c 実測	c-a 誤差	c-b 誤差
	W					
	D					
	H					
	SH					

Item Sketch		a 目測	b 体測	c 実測	c-a 誤差	c-b 誤差
	W					
	D					
	H					
	SH					

対人距離と声の変化を意識してみよう。

友人や家族とカフェやレストランに行った時に、机の大きさを意識してみましょう。
心地良い会話には、相手との適切な距離があります。離れすぎていても近すぎても会話は弾みません。
書き込み例にならって、下のシートに机のレイアウトや寸法を記入し、気がついたこともその下に記入しておきましょう。お店では実測しづらいので、目測や、身体メジャーを使ってください。

机のレイアウト	会話の内容	対人距離
書き込み例 	「近くに、最近オープンした美術館があるらしいよ」「へえー、気になるね。行ってみようよ」	800mm

この演習でわかること
五感メジャーはデザインの判断力につながる。

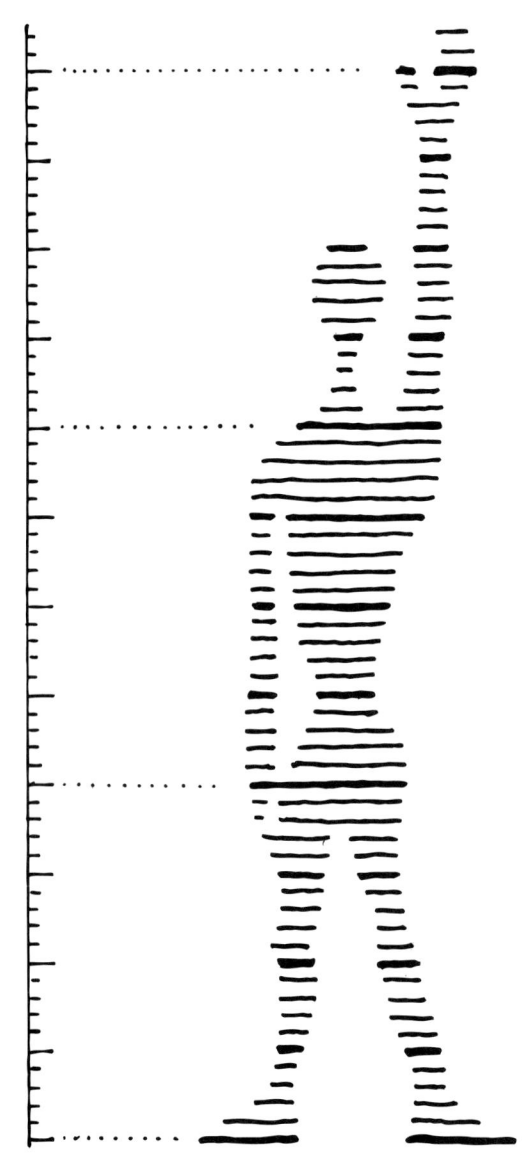

　以前、インテリアの仕上がりのチェックで現場に立ち会った時のことです。デザインした棚の高さが指定した寸法と違う気がして、担当した職人さんに、あらためて測り直してもらうようお願いしたことがあります。職人さんは「目の錯覚でしょう」と笑っていましたが、僕は自分の五感メジャーに自信がありました。子どもの頃、定規を使った工作の宿題で悪戦苦闘している私に、建築家の父が「目見当でやってごらん」と言っていたことを思い出します。測り終えた職人さんは、ビックリした様子で「先生が当たり！　右が3mm下がっていました！」と興奮ぎみに答えました。

　この五感メジャーは、建築やインテリアの寸法と身体寸法とのつながりや、寸法に対する勘を働かせる演習ですが、実際のデザイン寸法を決める時の直観力をつけるねらいもあります。建築やインテリアの世界では、資料にあらかじめ記載されている寸法の情報に依存して設計することが多くなっていますが、標準的に書かれた寸法を鵜呑みにするのではなく、自分の身体のスケールや五感、勘を大切にし、人間味溢れるヒューマンフレンドリーな空間デザインに取り組みたいものです。何しろ空間を最終的に利用するのは、血の通った身体をもつ人間なのですから。

ウォーミングアップ エクササイズ

信号待ちで五感を研ぎ澄ます。

信号待ちで立ち止まっている間に軽く目をつぶり、周りの環境に意識を集中してみてください。
車のタイヤのノイズ、会話する人々、カフェから漂うコーヒーの香り……。
信号が変わった瞬間、すべての環境が一斉に変わり始めます。
慣れてくれば、信号が青になる瞬間の、少し前の気配を感じることができるようになります。

ウォーミングアップ エクササイズ

天気予報を見ないで過ごしてみる。

今日は雨が降るかどうかを、あなた自身の身体に聞いてみます。
窓を開けて空を見上げ、雲の様子を観察し、古代の漁師になったつもりで空気の状態に神経を集中してみます。
湿度の状態などにも敏感になってください。
毎日続けていくと五感のセンサーが磨かれ、天気の変化をおおまかに予測できるようになるでしょう。

身体・空間関係性スケッチ

演習
空間とのファーストコンタクトを意識してみよう。

日常生活で、何げなく触れている建築やインテリアのエレメント、素材に意識を向けてみましょう。

初めて訪れたカフェで触れる扉のノブは、身体と空間との初めての出会い、ファーストコンタクトです。この印象がカフェ空間全体の印象を決めてしまうかもしれません。

この演習では、空間と身体が関係性をもつ接点に注目してください。手とドアノブ、手と照明のスイッチ、背中と椅子の背もたれ、足と階段……いろんな場面で触れたところを写真に撮り、あとでそれを見ながらスケッチしてください。

また、触れた時に感じたイメージを、メモやキーワードにして書き残します。

書き込み例

身体と建築やインテリアの接点を見つけてみよう。

| 手 | と | ドアノブ |

スケッチしましょう。

接点に触れた印象を五感で表現しましょう。

なめらかな曲線で、手に馴染み良くフィットする感じ。 — 視 Sight

ドアを開けるとコーヒーの香りがした。 — 嗅 Smell

扉の向こうはリビング。ケーキはそこで食べる。 — 味 Taste

聴 Hearing — カチッと音がなる。どうやっても音がしてしまう。

触 Touch — 丈夫につくられていることと、使って安全であることが握ってみてわかる。

この演習でわかること
触れることを意識すれば、新鮮な素材・感覚との出会いがある。

　子どもは全身で遊びます。デパートのおもちゃ売り場のフロアで、はしゃぎながら転げまわって遊んでいる子どもたちを見かけたことはありませんか？　見たものは何でも触ったり、手あたり次第になめたりしてしまうのも子どもです。しかし、そうした行為は次第に自制され、触れなくても経験上あんな感じだろうと頭で予測して、接触的な行動を抑制していくようになります。それはいわゆる「大人になる」と同義かもしれませんが、デザイナーにとっては危険な抑制かもしれません。

　私が駆け出しのインテリアデザイナーだった頃、カタログ写真でこんなフォルムならこんな座り心地だろうと選んだ椅子をそのまま発注し納入したことがありました。竣工日に初めて座ったその椅子は、イメージしたものとは全く違う座面の硬さで、想像した感覚との差に愕然として、冷や汗をかいた記憶があります。今では時間がなくても、商品の選定には必ずショールームに出向き、身体で判断することにしています。

　触れて感じてみないとわからないことはたくさんあります。別の言い方をすれば、人は身体が触れた感覚で評価するということです。この演習では、デザイナーとして求められる豊かな身体感覚や、材料の選択などで判断が必要な時に求められる直観力が養えることを期待しています。多くのモノに触れて感じた五感の記憶のストックが、幸福なデザインの道標になるのです。

身体と建築やインテリアの接点を見つけてみよう。

☐　と　☐

スケッチしましょう。

接点に触れた印象を五感で表現しましょう。

視 Sight
聴 Hearing
嗅 Smell
触 Touch
味 Taste

触覚（砂絵）スケッチ

演習

指先の記憶を
呼び覚ましてみよう。

砂と無心に遊んだ幼い頃の感覚を覚えていますか？
時を忘れていろいろなカタチを手でつくっては壊し、指で描いては消して、砂と戯れたあの日……。指先は、最も神経が集中している敏感な場所です。意識的に指先の感覚を研ぎ澄ますこの演習で、次第に頭と手が直結してくる快感を味わってください。演習では砂の代わりに塩を用いますが、白い砂だと思って取り組みましょう。砂と指先の繊細な触れ合いを感じ、楽しみながら、スケッチしてください。

黒いケントボード（A3）を用意し、その上に2つかみほどの塩をのせてください。（36・37頁に代わりになる黒い紙を用意しました。見開きでB4→A3に拡大し、使用してください）
ボードを左右に細かく揺すり、塩を広げて平滑面をつくります。その時、下地の黒い部分が均一に見える程度の薄さに伸ばすとよいでしょう。

まずは、小指で描いてみましょう。小指の角度を変えながら、トライしてください。手のひらを返し、爪を少し立てると細い線も引けます。平行線の縦横や斜め、円などを試してください。この時、平滑面が厚すぎると太い線になってしまうので、注意しましょう。上手くいかない時は再び左右に揺すり、気持ちもリセットしてトライしてください。

慣れてきたら、ほかの指でもやってみましょう。そして、いけそうだと感じたら、好みの建築やインテリアの写真を置いて、それを見ながら指でスケッチしてみてください。指先で感じたことは、文字で表現してみましょう。気に入ったスケッチは、撮影して保存しておくことが大切です。

書き込み例

指先で描いて、
描いた作品を撮影してみよう。

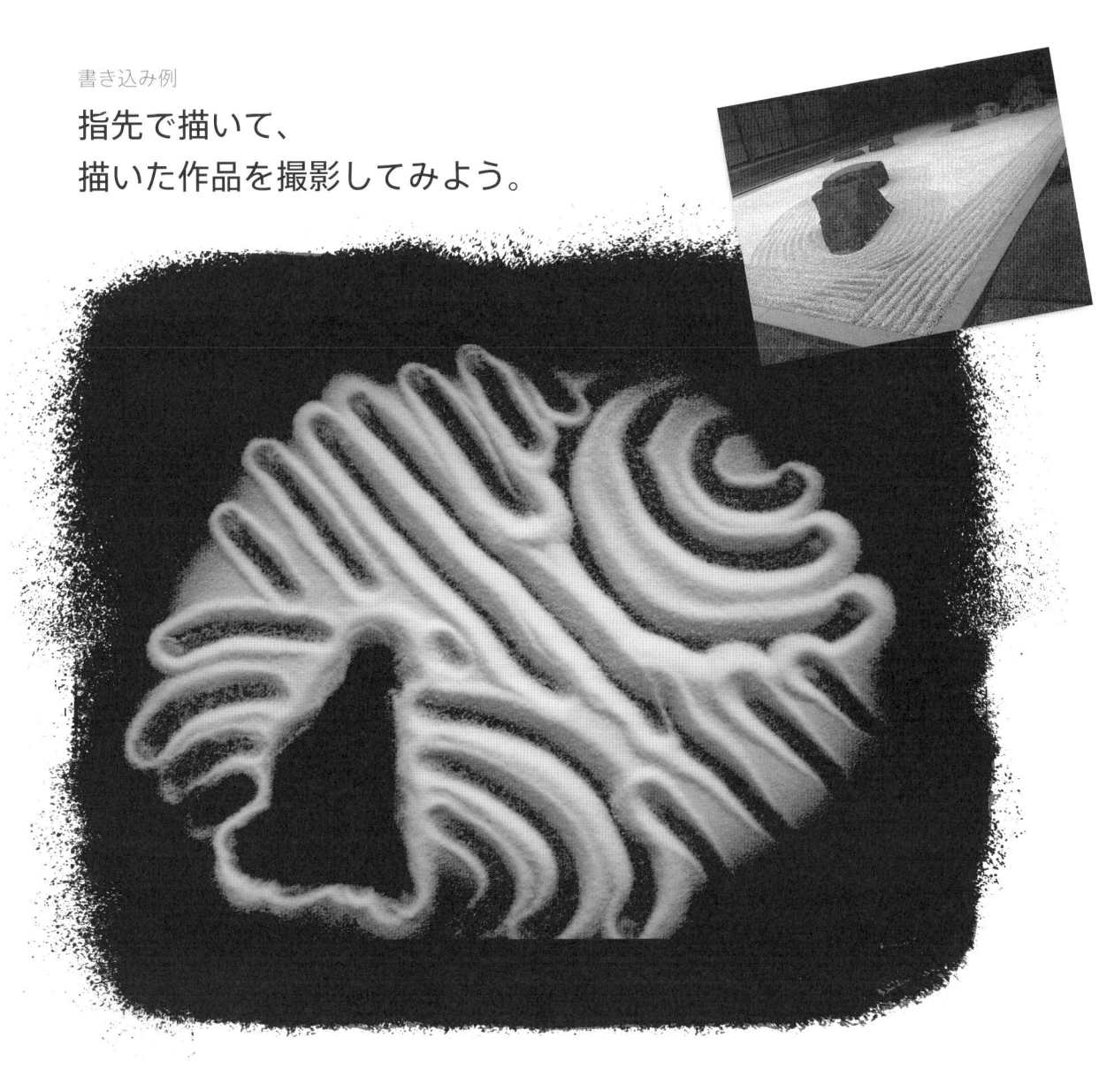

題 名

枯 山 水

指先で感じたことを表現しましょう。

触 Touch　曲線のイメージを簡単に描き表せるのが快感。指で描くおおざっぱな絵が写真と比べた時にイメージが変わって面白い。(カワイイ感じ?) また指に直接、塩のジャリジャリ感が敏感に伝わりくすぐったい。

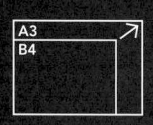

B4 から A3 に拡大コピーしてお使いください。

この演習でわかること
手と頭の感覚が連動する快感を味わう。

　身体で記憶したことは、知識と違って簡単に忘れないと言われています。子どもの頃に覚えた自転車の乗り方や泳ぎ方など、何年かやっていなくても、身体が覚えていてすぐにまたできるようになるでしょう？　絵が下手だと思い込んでいるあなたも、かつて砂場で遊んでいた時は、自由に楽しく砂の上で絵を描いたり、さまざまなカタチの造形物をつくって喜んでいたのではないでしょうか。その素直な気持ち、豊かなクリエイティビティは手に記憶されています。この演習で砂に触れているうちに、きっとその時の楽しさや自由な感覚が蘇ってくることでしょう。指先は身体の中で最も神経が敏感な場所です。じかに指で砂に描いていると、ただ絵を描いているだけでなく指先が悦び、次第に指の感覚と頭がダイレクトに連動してくるのが感じられるはずです。その独特な感覚と感触がつかめれば、鉛筆やペンで紙に描く時にも、直接指先からスケッチを生み出しているかのようなダイレクト感が得られるようになります。

　以前、スポーツクラブのインテリアデザインを手がけ、クライアントの前でスケッチを描いて説明していた時、「横山さんは、まるで遊んでいるようにしか見えないですね」と言われたことがありました。ペンを持ち、紙の上で自由に動く私の手は、まるで子どもが遊んでいるようで面白かったそうです。

　肩の力を抜いて、無心でこの砂の演習に取り組むことができれば、遊び感覚でデザインスケッチが描けるようになるでしょう。

指先で描いて、
描いた作品を撮影してみよう。

ここにLサイズにプリントした写真を貼りましょう

題　名

指先で感じたことを表現しましょう。

触
Touch

指先で描いて、
描いた作品を撮影してみよう。

ここにLサイズにプリントした写真を貼りましょう

題　名

指先で感じたことを表現しましょう。

触
Touch

ウォーミングアップ エクササイズ

空間の時間感覚を味わう。

空間と時間には、密接な関係があります。
同じ廊下を歩く時でも、まっすぐに進む場合と、左右に掛かっている絵を見ながら蛇行して歩くのとでは、空間の見え方や感じ方が変わってくるでしょう？
また、窓がある場合は、外と接する窓からの景色、日差しの入り方、床に落ちる影の変化でリズムが生まれ、同じ空間で同じ距離を歩いていても、意識すれば感覚の違いを感じられます。
日常的な空間でも五感センサーを働かせ、空間の微妙な変化を感じ取るようにしましょう。空間には、時間軸も含まれているのです。

ウォーミングアップ エクササイズ

自分の中のコンパスを意識する。

空間デザインでは、東西南北の方角が、おおいに関係してきます。
たとえば、お気に入りのカフェでいつも座りたいと思う場所が決まっていたりしませんか？ 居心地が良いと感じた席は方角と関連しています。窓から差す太陽の光で居心地が変わってくるものです。
光の差す方向をたよりに、方角をイメージしてください。
確認には、スマートフォンではコンパス（方位磁石）のアプリもありますし、安価に市販されている昔ながらの小さなコンパスを用いてもよいでしょう。

聴想空間

5

演習

耳で空間のイメージを描いてみよう。

居心地が良くて、つい長居してしまうお気に入りの店では、どんな音がしていますか？
目を閉じ、呼吸を整えて聴こえてくる音に神経を集中してみましょう。
それは店内に流れる BGM だけではないはず。食器の触れ合う音、靴の奏でる足音、ドアの開閉音、会話……。

また、あなたが歩いている時、ああ、この街は気持ちがいいなと感じたら、街の広場に目を閉じて佇んでみましょう。
きっと歩いている時の感覚とは違う世界が広がっています。鳩が飛び立つ羽音、噴水の噴き出す音、散歩する人の流れと会話、ストリートミュージシャンの奏でるリズム……。
この演習では、聴こえてくる音に注目します。

目を閉じて、映画やテレビから聴こえてくる音に集中してください。
いろいろな音が聴こえてくるはずです。場所は外か室内か？
どのくらいの広さの空間・環境か？　何人が何をしているか？
直観的に感じたことを Memo 欄に記入し、聴こえる音から空間を想像して描いてください。
五感の欄には、空間のイメージを文字で表現してみましょう。

書き込み例

音からイメージした空間をフレーム内に描いてみよう。

映画やテレビ番組の題名　　　　　Memo　全体的な空間の雰囲気

映画「キッチン」　　　　　　　　ショールームのように生活感がなく、高層
（原作：吉本ばなな）　　　　　　マンションの上層階で、夜景のキレイな空間。

聴こえてきた音からイメージしたものを五感で表現しましょう。

外国製のキッチンや　　　視　　　　触　ピカピカに磨き上げられた
めずらしい食材。　　　Sight　　Touch　ステンレスのひんやりした感じ。

ガラーンとした広い空間に聴　　　嗅　コーヒーやシャンパン
話し声が反響している。 Hearing　Smell　などの香り。

おしゃれな料理。　　味
期待感を感じさせる。 Taste

この演習でわかること
心地良い音は、
心地良い空間に宿る。

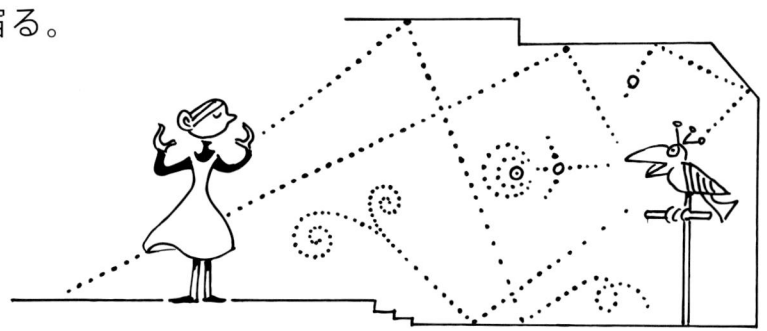

　映画化された、まなべゆきこさんの小説『おとなり』（角川グループパブリック、2009）は、隣人同士、壁を伝ってくる音から惹かれ合い、恋が芽生えるストーリーです。

　　あの音のせいかもしれないと、聡は思い出す。先月引っ越してきた隣の部屋から時々聞こえてくる、あの、不思議に澄んだ鉄の音色。多分玄関のドアベルなのだろう。

　この、「○○なのだろう」という、音声からカタチや場面、その置かれた空間を想像することは、映像情報に溢れた私たちの現代生活では、まれなことになってきています。東京オリンピック（1964年）前には、多くの家庭でラジオが流れていました。アナウンサーの説明から、自然と場の空間や状況を思い描いたものです。
そして白黒テレビが登場。まだこのモノクロームの世界は、色を想像させる余地が残されていました。そして現代へとつながるカラー化の波。さらに３D化の潮流。もはや、目をつぶり思いにふける、想像の世界を自由に構築する時間や余白はなくなってしまったのでしょうか？

　音は、直接耳に入る直接音もありますが、周りの空間、建築やインテリアに反射しながら、間接音として聞こえてくるものも多くあります。たとえば、携帯の着信音は同じ音源でも、狭いフローリング敷きの天井高の低い自宅で聞く音の感じと、広々とした２層吹き抜けでカーペットの敷いてあるカフェでは、かなり違って聞こえてくるでしょう。この違いはなぜなのか？部屋の広さ？天井高？素材の違い？人の多さ？家具やモノの多さ？……。よく観察してみましょう。

　空間の音をつねに意識して暮らしていると、音を聞いた時、スムーズにその空間イメージが連想されるようになります。また、空間をデザインする時、そこで醸し出されるであろう音のイメージも想像しやすくなり、心地良い音の響く空間創造の源となります。心地良い音は、心地良い空間に宿るのです。そして心地良い音の空間では、心地良い人間関係も築かれていることでしょう。北欧のユニバーサルデザインでは、目の不自由な方への配慮として、あえて天井の高さを変えて、音の響きの違いを感じさせ、その先にある空間の変化、たとえば階段などを示唆することもあるそうです。空間の音のデザインは、空間の機能にも働きかけるのです。

音からイメージした空間をフレーム内に描いてみよう。

映画やテレビ番組の題名　　　　Memo　全体的な空間の雰囲気

聞こえてきた音からイメージしたものを五感で表現しましょう。

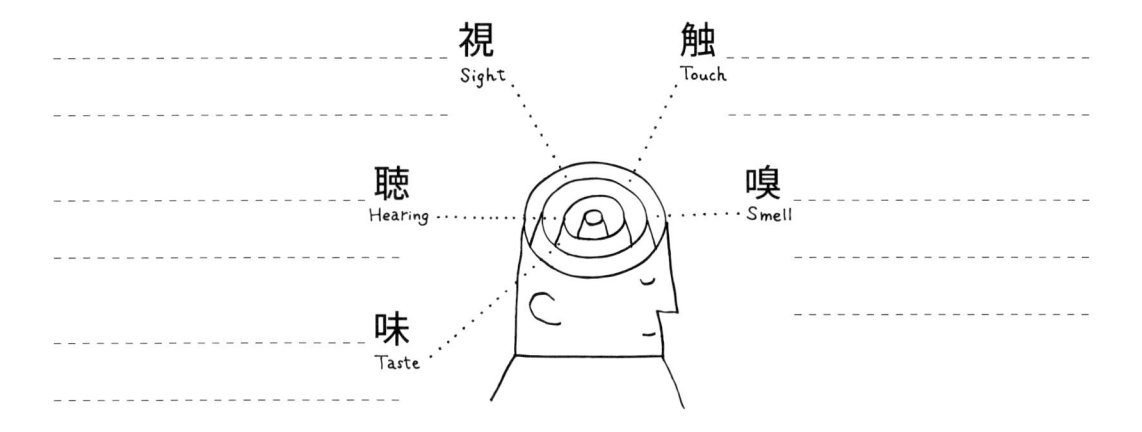

視 Sight
触 Touch
聴 Hearing
嗅 Smell
味 Taste

音想空間 6

演習

音楽のリズムを感じるままに描いてみよう。

目を閉じてお気に入りの音楽のリズムに身をゆだねてみましょう。
曲は歌が入っていない、リズム感のかなり違った4曲を取り上げることがオススメです。これらの曲は、どんなラインや点を描くのでしょうか？

墨を浸した太筆で、目をつぶり、リズムに合わせながら、紙の上に線や点を自由に描いていきます。

曲の強弱によって、時には大きく時には小さく、自由に描きましょう。身体を音楽のリズムにのせることが大切です。あたかも指揮者がタクトを振るように、音に合わせて手を動かします。

描いた作品には題名をつけ、その題に一番ふさわしいフレームで切り取ります。

1曲でA3の用紙に1枚描き、さらに3曲、合計4枚取り組んでみてください。
あらかじめ新聞紙を敷き、紙からはみ出しても気にせず、自由に気持ち良く踊るように動かします。
さあ、アーティスト気分で始めてください。

書き込み例

曲を聴いて描いた作品から特徴的な部分をトリミングして枠に貼り、題名をつけよう。

題名 描いた作品からイメージした題名をつける。

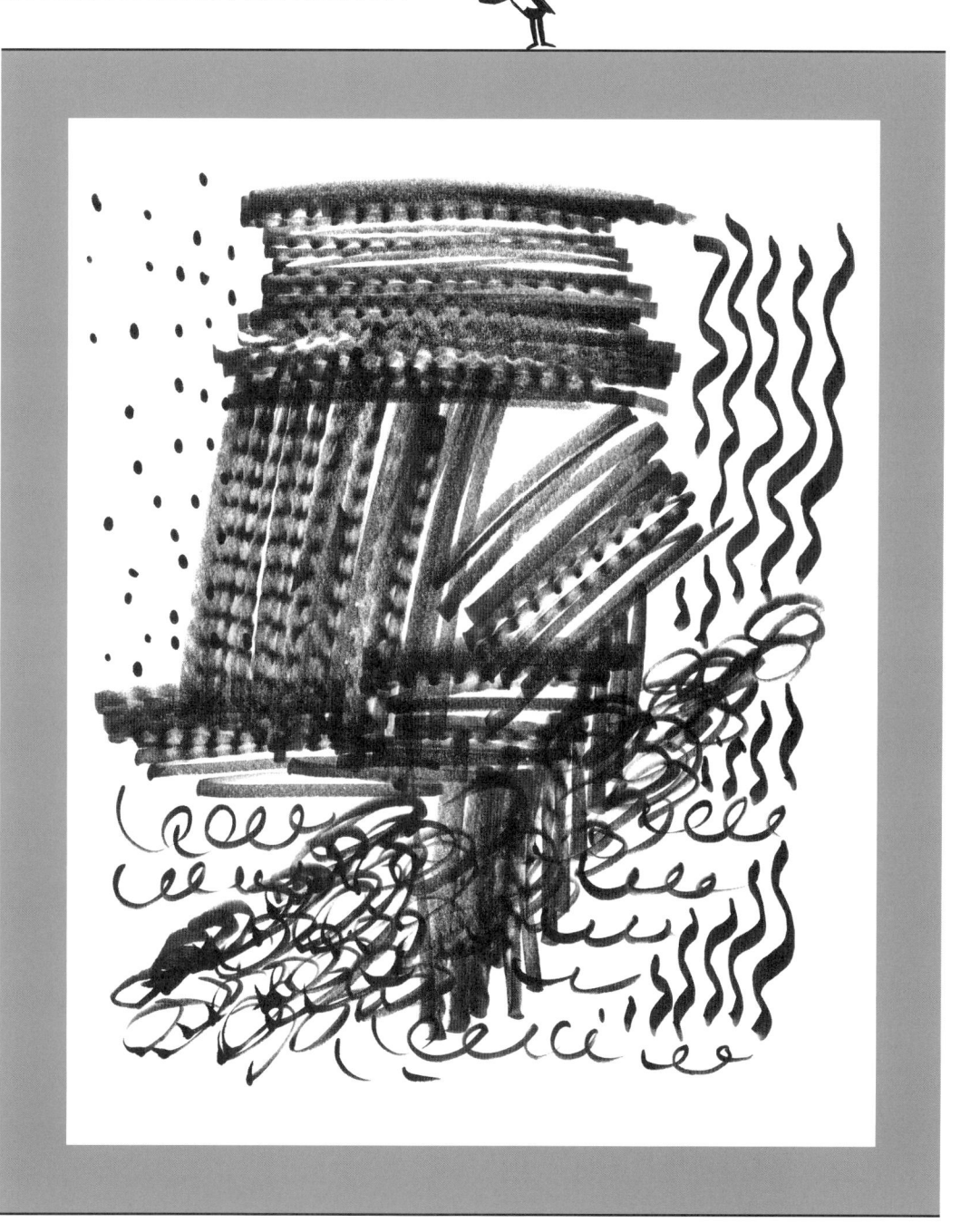

ナイアガラの滝

この演習でわかること
音楽は、デザインの発想や想像力をインスパイアする源である。

　脳科学者の茂木健一郎氏は、講演、執筆、メディアへの出演などの多忙なスケジュールの中、仕事の内容によってパソコンに入力している音楽から曲を選んで気分を変え、仕事の効率化をはかっているそうです。

　音楽は、聴く曲によっては脳を刺激し、発想や想像力のスピードを加速させていくようにも思われます。好きな音楽を聴いていると、つい曲のリズムにつられて身体が動いてしまった経験はありませんか？　デザインの作業中、かけた曲のノリが良いと、デザインがスイスイと進んだ経験はありませんか？

　音楽とデザインは、とても近しい関係にあります。建築は「凍れる音楽」とも言われます。建築家フランク・ロイド・ライトも、音楽の愛好家でした。彼のデザインした空間には音楽のリズムが感じられると、多くのジャーナリストに評されていました。

　この演習を通して、音楽とあなたの手の動きがスムーズにシンクロし、デザインする時にもつ鉛筆やマウスも、オーケストラの指揮者がタクトを振るようにリズミカルに動き、自由な空間の創出につながることが理想です。

書き込み例

曲を聴いて描いた作品から特徴的な部分をトリミングして枠に貼り、題名をつけよう。

題名　描いた作品からイメージした題名をつける。

ここに描いた作品を（1曲分）貼りましょう

書き込み例

曲を聴いて描いた作品から特徴的な部分をトリミングして枠に貼り、題名をつけよう。

題名 描いた作品からイメージした題名をつける。

ここに描いた作品を（1曲分）貼りましょう

ウォーミングアップ エクササイズ

不動産屋さんの前で間取りのイメトレ。

不動産屋さんの入口には、多くの平面図が貼ってあります。その中から写真などのインフォメーションの少ない、でも感じの良い物件を選びます。
入口の扉にはどんな感触のノブが似合いますか？
床の色や踏み心地はどんな感じがよいですか？
家具のレイアウトはどのようにしますか？
オープンハウスの時には、海外でよく行われるコーヒーやクッキーの焼ける匂いを漂わせるのもいいかもしれませんね。
３分少々あれば、空間デザインのイメージトレーニングにはピッタリの時間が過ごせます。

ウォーミングアップ エクササイズ

テレビを消して、ラジオをつける。

テレビは目と耳の情報がセットになっていて、イメージが固定化されています。あなたが見た情報と友達の見た情報は、似通っているはずです。
ラジオの場合は、耳だけの情報です。聴いてビジュアルを想像すると、あなたとほかの人とのイメージは違っているかもしれません。それが感性の個性化の糸口になります。
テレビの代わりに、１週間ほどラジオを聴いてみましょう。

読想空間

演習

読書でデザインの想像力を磨こう。

本を読むことで、デザインのセンスや想像力が磨かれるとしたら、どう思いますか？読書も楽しめて、デザインのレッスンにもなる方法をこれから伝授しましょう。

読書をすることは本来、文章を読むことですから、一般に左脳と呼ばれる脳の部位を使うのですが、この演習では、文章を使って聴覚も連動させ、右脳的な空間デザインイメージの発想にトライしてみます。

まず、書店に出かけましょう。今は携帯でも本は読めますが、ここではいろいろな本の手触り、書店に漂う独特の匂い、空気感にも触れてください。最近の大型書店では、カフェが併設されているなど、五感を刺激する空間デザインを意識しているところが多いですね。
空間を記述している本は比較的小説に多いので、探してみましょう。

空間がイメージできそうな本を入手したら、全体をさっと読んでストーリーを把握し、空間描写の欄に書き写します。
さらにそれを音読しながら空間イメージをふくらませ、イラストレーター気分になってスケッチしてみましょう。

書き込み例

本を読みながらイメージした空間をスケッチしよう。

本の題名
注文の多い料理店

作者
宮沢賢治

Memo　全体的な空間の雰囲気
レストランには2人しかいないのに、なぜか誰かに見られている感じ。

空間描写の部分
二人は戸を押して、なかへ入りました。そこはすぐ廊下になっていました。(…略…)すこし行きますとまた扉があって、その前に硝子の壺が一つありました。扉には斯う書いてありました。「壺のなかのクリームを顔や手足にすっかり塗ってください。」

53

この演習でわかること
コトバから空間のイメージを組み立てる。

　優秀なデザイナーは、多くの本を読んでいます。
　知り合いのインテリアデザイナーは、毎朝4時に起きて雑誌の原稿を書いたり、作品のイメージをつかむために本を読んでいるといいます。またある時は一時日本を離れ、ニューヨークのホテルに長逗留し、作品制作のイメージをふくらませるために読書に集中した時期もあるそうです。その後、インスピレーションを得た彼は、美しい空間デザインのシリーズを生み、世界的な評価を得ました。
　読書はデザイナーの手にかかると、まるで魔法のように素晴らしいデザインに変わることもあるのです。
　また、クライアントからのデザインの依頼は、いつも口頭とは限りません。大きな企業との仕事では、求める空間イメージを文章で手渡されることもあります。「スペースは〇〇㎡で、使う人数は〇〇人、使う人の職種は〇〇で、〇〇なコミュニケーションが生まれる〇〇のような空間が欲しい……」。文章から的確に空間イメージをつかみ、具体的な空間にまとめる能力が問われます。

　この演習では、左脳的に記述されたコトバから、右脳的な空間のイメージへとつなげる方法にトライしてもらいました。空間デザインは、この左脳と右脳を行ったり来たりすることで、次第にカタチができてくるものです。また書き写したり音読したりすることで、文字として書かれたコトバを五感で身体化することや、小説を読むことでデザインを組み立てる時に必要になってくる物語性に親しむねらいも含まれています。
　このエクササイズを続けていくことで、さまざまな文章表現から無限のデザインアイディアのきっかけをつかむことができるようになるのです。

本を読みながらイメージした空間をスケッチしよう。

本の題名　　　　　　　　Memo　全体的な空間の雰囲気

作者

空間描写の部分

香色空間

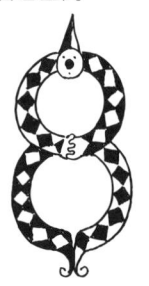

8

演習
香りから連想する色のイメージ空間。

あなたの記憶に残っているのは、どんな香りですか？
その記憶を思い出す時、香りとともに情景も浮かんでくるはずです。
この演習では、香りから連想する色やコトバ、それに伴う空間をイメージしていきます。ココロを自由にして遊ばせてください。

デパートの香水売り場をぶらぶら歩いていると、サンプルの台紙に新製品の香水を含ませたサンプルをたくさんもらえるでしょう？そのサンプルを、香りが逃げないようにビニール袋に入れて持ち帰ってください。

香りを嗅ぐ時は目を閉じ、サンプルから少し鼻を離して嗅いでみます。香水は大抵が多くの成分からつくられています。まず各成分のイメージを、A～Dの欄に色とコトバで記入します。各メーカーの調香師が趣向をこらし、いろいろなテーマでデザインしているのですが、ここではメーカーがつけた名前やイメージには関係なく、自由にあなたの想像の翼を広げ、あなた独自のイメージを記入してください。

最後に、A～Dのイメージを総合して全体像として名前をつけ、それに合う色で塗りましょう。
次にその香りの色やコトバに近い空間のイメージ写真を雑誌や本などから探し、コラージュをつくります。

●なお、この演習では、ブレンドされた香りなら香水に限らず、ルームフレグランスや食べ物（ハーブティーやカレー）を素材として用いることができます。

書き込み例

香りの成分を嗅ぎ分けて、それぞれの成分にふさわしい色とコトバ、空間イメージを見つけよう。

使用した香り　試供品A

嗅ぎ分けた香りを色に置き換えましょう。
4色以内の必要な色数で塗り分け、それぞれの色に名前をつける。

- A　若草
- B　光
- C　土
- D　実がなる木の花

配色
下の配色に名前をつける。

屋上庭園の風

A〜Dで選んだ色を混ぜて香りのイメージの色を調合する。

この香りが似合う家具や空間を下へコラージュしましょう。

57

この演習でわかること
香りと色の記憶が、思いを揺さぶる。

　香りの記憶は、背景となる空間の色やカタチの記憶と密接に結びついてココロに残っているものです。

　1990年代に住んでいたニューヨークでのある日曜日、五番街の街角で、女性がつけていた素敵な香水の香りがすれ違いざまに私の鼻を刺激しました。エスニック料理のスパイスを思わせるエキゾチックでセクシーな香りは、シックな五番街の街並みに浮き上がる、鮮やかなイエローキャブの列の色彩とともに深く記憶されました。

　その後、帰国しても当分の間はあのイエローに近い色彩を見ると、その香りが鮮明に蘇ってきたものです。

　この演習は、1993年から1998年まで武蔵野美術大学短期大学部デザイン科の空間演出デザイン専攻で行った、五感のデザインの授業での「香りの演出」がベースとなっています。香りの専門家をゲストに招き、オリジナルに製作してもらった香りを教室に流し、そのイメージから平面と立体の色彩ボードや物語を学生につくってもらいました。

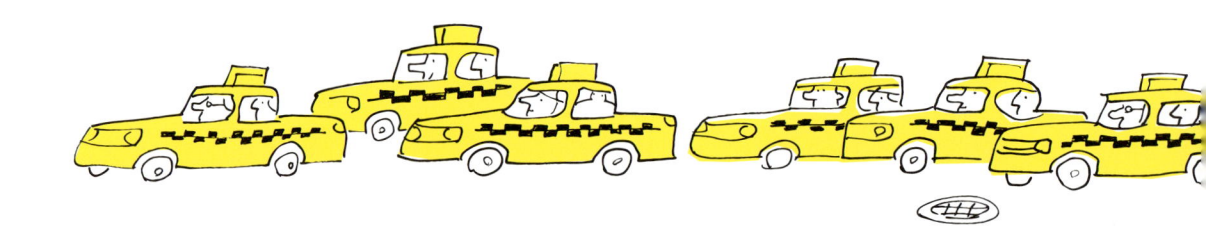

当時の日本では、空間と香りとの関係は新しく出てきた分野でした。その後、アロマブームと絡み合いながら、商業空間やオフィスなどで盛んに香りと空間が実験的に取り入れられていきました。そして現在では、さまざまなイベント空間や映画館でも、コンピュータで制御された香りの空間演出が行われています。

　この香色空間のシートでは、香り・色・コトバが連動する空間イメージをつかんでもらいました。実際は空間に香りを流さなくても、人は空間に施された色彩によって、香りを連想することもあるし、また、コトバこそありませんがメッセージを感じることもあるのです。たとえば、ヒノキの清々しいカウンターのお寿司屋さんを想像するだけで、木の香りと色とりどりのお寿司がイメージでき、食欲がわいてきませんか？　居心地の良い空間の背後には、心地良いキモチをサポートする演出が仕込まれています。

　この演習で、あなたの五感の連動は習慣化され、将来のクリエイションの豊かな源になるでしょう。

書き込み例

香りの成分を嗅ぎ分けて、それぞれの成分にふさわしい色とコトバ、空間イメージを見つけよう。

使用した香り _____

嗅ぎ分けた香りを色に置き換えましょう。
4色以内の必要な色数で塗り分け、それぞれの色に名前をつける。

A _____

B _____

C _____

D _____

配色
下の配色に名前をつける。

_____

A〜Dで選んだ色を混ぜて香りのイメージの色を調合する。

この香りが似合う家具や空間を下へコラージュしましょう。

書き込み例

香りの成分を嗅ぎ分けて、それぞれの成分にふさわしい色とコトバ、空間イメージを見つけよう。

使用した香り _____

嗅ぎ分けた香りを色に置き換えましょう。
4色以内の必要な色数で塗り分け、それぞれの色に名前をつける。

A ○ _____

B ○ _____

C ○ _____

D ○ _____

配色
下の配色に名前をつける。

_____

A〜Dで選んだ色を混ぜて香りのイメージの色を調合する。

この香りが似合う家具や空間を下へコラージュしましょう。

味想空間

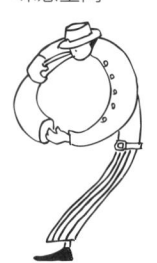

演習
味と空間の関係を探ってみよう。

素敵だと感じられるレストランに出かけてみましょう。

美しく盛られた料理は、店の空間デザインのイメージとマッチしていますか？
出されたお水のグラスの冷え具合や味、店内に差し込む日差しや室内の温度とのバランスはとれていますか？
意識すると、料理の味と空間の相性が見えてきます。
さあ、あなたがオーダーした料理が運ばれてきました。一呼吸おいてから、ゆっくり味わいましょう。

書き込みシートへの記入は帰ってからでも結構ですが、必要な項目は、フレッシュな印象のまま店内でメモしましょう。
料理の盛り付けやドリンクをスケッチしたり写真を撮る時は、テーブルセッティングとともに記録してください（写真を撮る時にはお店の許可を得ること！）。
インテリア空間の質には時間の流れも関係しています。その場に流れている時間の印象も併せてメモしておくとよいでしょう。

食事で感じた事柄を Memo 欄に記入する時は、単に美味しいかマズイかではなく、味からイメージできるキーワード（食材が育てられた場所を想像してみるなど）を挙げていきます。五感表現では、その味から思い出されたレストランの良かった点や改善したい点を記述してください。
つねに空間と食事や雰囲気との関係、マッチングを意識してください。

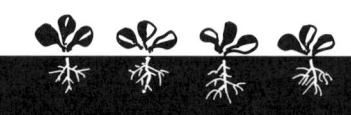

書き込み例

味と空間の関係をスケッチとコトバにしよう。

レストラン名／所在地

ナポリ　　　　東京都 港区

平面スケッチ・空間スケッチ（または写真）を貼りましょう。

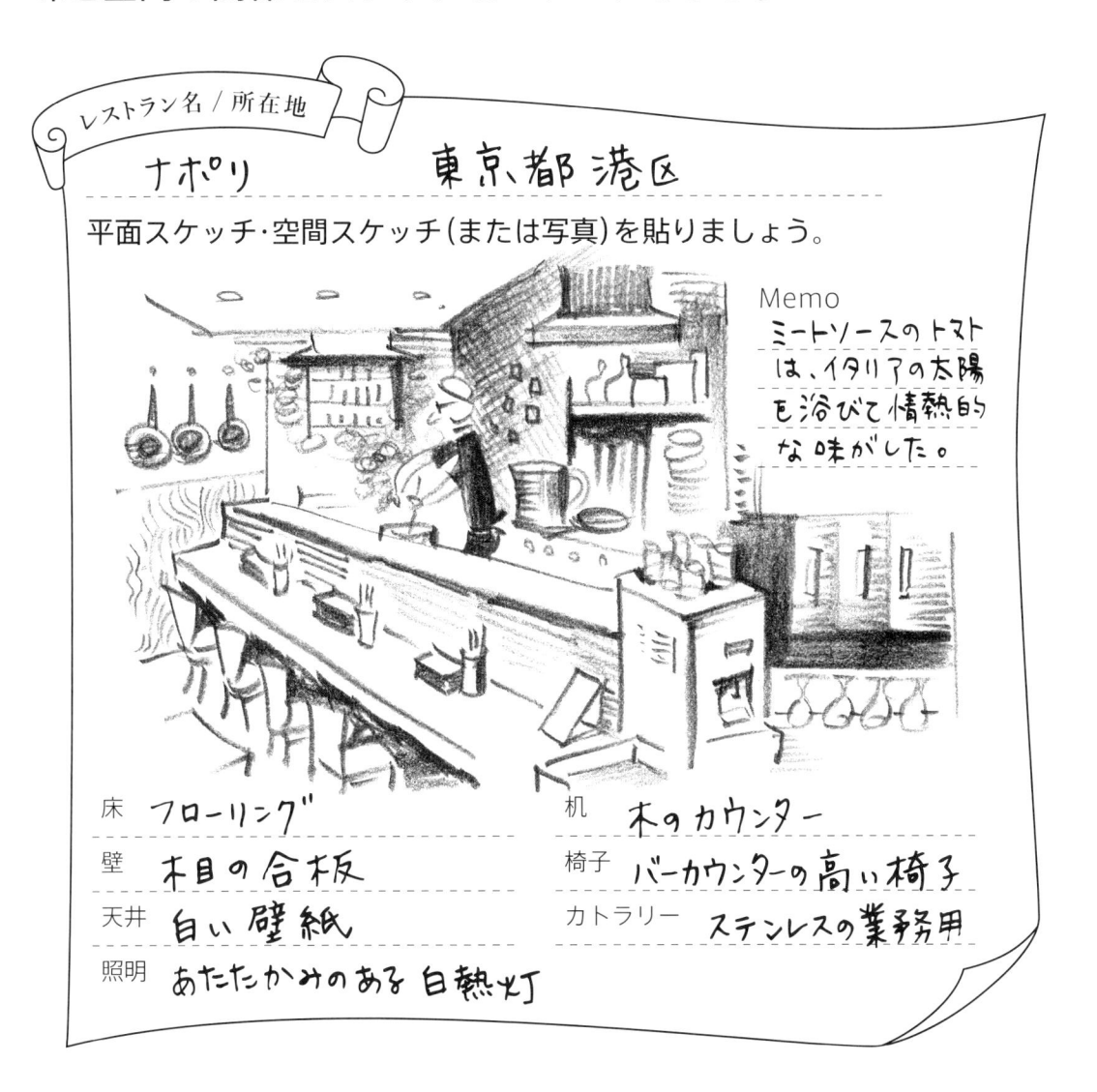

Memo
ミートソースのトマトは、イタリアの太陽を浴びて情熱的な味がした。

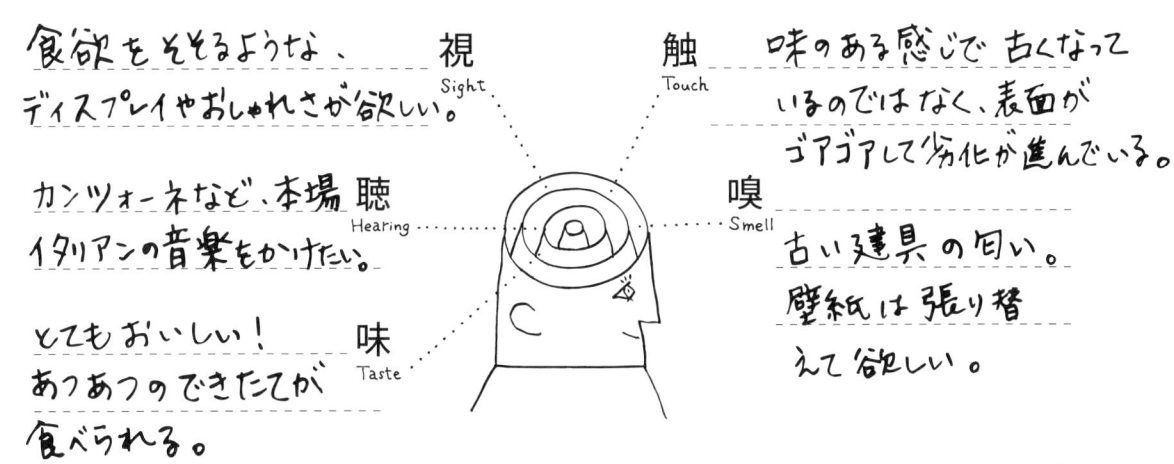

床　フローリング
壁　木目の合板
天井　白い壁紙
照明　あたたかみのある白熱灯
机　木のカウンター
椅子　バーカウンターの高い椅子
カトラリー　ステンレスの業務用

上記のレストランの良かった点や改善したい点を五感で表現しましょう。

視 Sight
食欲をそそるような、ディスプレイやおしゃれさが欲しい。

聴 Hearing
カンツォーネなど、本場イタリアンの音楽をかけたい。

味 Taste
とてもおいしい！あつあつのできたてが食べられる。

触 Touch
味のある感じで古くなっているのではなく、表面がゴアゴアして劣化が進んでいる。

嗅 Smell
古い建具の匂い。壁紙は張り替えて欲しい。

この演習でわかること
「美味しい」はその時の環境からも影響を受ける。

マルセル・プルーストの長編小説『失われた時を求めて1』(吉川一義訳、岩波文庫、2010)には、味で空間を想像する有名な記述があります。

> なにげなく紅茶を一さじすくって唇に運んだが、そのなかに柔らかくなったひとかけらのマドレーヌがまじっていた。ところがお菓子のかけらのまじったひと口が口蓋にふれたとたん、私は身震いし、内部で尋常ならざることがおこっていることに気づいた。えもいわれぬ快感が私のなかに入りこみ……（略）……たちまち叔母の寝室のある、通りに面した灰色の古い家が芝居の舞台装置のようにあらわれ、その裏手の庭に面して両親のために建てられた小さな別棟がつながった（それまで私が想いうかべていたのはこの一角だけで、ほかは欠けていたのだ）。そして家とともに、朝から晩にいたるすべての天気をともなう町があらわれ、昼食前にお使いにやらされた「広場」はもとより、私が買物に出かけた通りという通り、天気がいいときにたどったさまざまな小道があらわれた。……（略）……いまや私たちの庭やスワン氏の庭園のありとあらゆる花が、ヴィヴォンヌ川にうかぶ睡蓮が、村人の善良な人たちとそのささやかな住まいが、教会が、コンブレー全体とその近郊が、すべて堅固な形をそなえ、町も庭も、私のティーカップからあらわれ出たのである。

この小説でわかるように、味は単独で記憶されるのではなく、その時の空間やほかの感覚とも連動して印象づけられ、記憶されるものだと言えます。また、海外では以前からありましたが、日本でも最近の美術館には必ず素敵なカフェやレストランが一緒につくられています。展示されている美術作品と連動したメニューも多く見られます。意識的に、味と展示がセットで印象や記憶に残るように工夫されているのです。

この演習では、味覚は空間・時間・記憶と密接に関わっていることを体感していただきました。空間をデザインすることは、人に素敵な記憶や体験の印象を残すことでもあります。将来、こんな料理を出すお店をデザインしてほしいとクライアントから依頼され、シェフのつくった料理をひとくち食べた瞬間に豊かな空間のアイディアが湧いてくるといいですね。

味と空間の関係をスケッチとコトバにしよう。

レストラン名／所在地

平面スケッチ・空間スケッチ（または写真）を貼りましょう。

Memo

床　　　　　　　　　　　机
壁　　　　　　　　　　　椅子
天井　　　　　　　　　　カトラリー
照明

上記のレストランの良かった点や改善したい点を五感で表現しましょう。

視 Sight
触 Touch
聴 Hearing
嗅 Smell
味 Taste

味と空間の関係をスケッチとコトバにしよう。

レストラン名／所在地

平面スケッチ・空間スケッチ（または写真）を貼りましょう。

Memo

床　　　　　　　　　　机
壁　　　　　　　　　　椅子
天井　　　　　　　　　カトラリー
照明

上記のレストランの良かった点や改善したい点を五感で表現しましょう。

視 Sight
触 Touch
聴 Hearing
嗅 Smell
味 Taste

味と空間の関係をスケッチとコトバにしよう。

レストラン名／所在地

平面スケッチ・空間スケッチ（または写真）を貼りましょう。

Memo

床　　　　　　　　　　　　机
壁　　　　　　　　　　　　椅子
天井　　　　　　　　　　　カトラリー
照明

上記のレストランの良かった点や改善したい点を五感で表現しましょう。

視 Sight
触 Touch
聴 Hearing
嗅 Smell
味 Taste

口伝空間

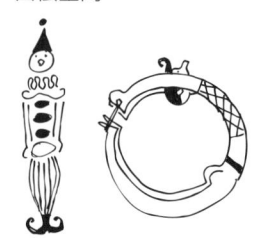

演習
相手に口で空間イメージを伝えてみよう。

あなたは電話で友達や家族に、建築やインテリア空間のイメージを伝えたことがありますか？
気になる建物が新しくできると、思わずこんな感じの建物だと誰かに知らせたくなりませんか？

携帯電話を持って散歩に出て、誰かに伝えたくなる空間（口伝空間）を探しましょう。

空間が見つかったら、特徴的なカタチ・色・素材をメモしてください（写真も撮っておくこと）。
友達に伝えようと思う場合、普段であればすかさず携帯で撮影した写真を送るところでしょうが、ここはこらえて電話で伝えます。

自分のメモを参考に、いろいろなたとえや説明を加えて、友達に空間のイメージを伝えてください。五感で感じたイメージも伝えると、相手もイメージしやすくなります。
友達に空間のイメージがコトバで伝わったか、聞いてみましょう。これを何度か繰り返すうちに、伝える感覚がつかめてきます。そして友達に、あなたの口伝をもとにイラストを描いてもらいましょう。最後に、イラストと題材となった空間を見比べることができるように写真を貼り、空間情報を記入しておいてください。

書き込み例

空間を口で伝えてみよう。
コトバから空間を読み取ろう。

Image　　あなたの口伝をもとに友達が描いたメモ＆イラスト

3本の細いリボンが回してある大きなシルクハットのよう。手前には大きなツバがあり、地面から少し浮いていて、柱と壁で持ち上げている。

Original　　題材となった空間の写真を貼りましょう。

Artist/Designer	フランク・ロイド・ライト
Project	グッゲンハイム美術館
Impression	山で美しい自然に出会うように、都市の中の螺旋状展示スペースで、アートとの出会いをドラマチックに演出している。

この演習でわかること
優れたデザイナーは、優れた口伝人です。

プロのデザイナーになってクライアントにプレゼンする時、口で説明する口伝力がとても重要になってきます。デザイナーに求められる資質にはいろいろありますが、なぜこのカタチになったのか、なぜこの色なのか、なぜこの素材を選んだのか、どんな物語性をデザインに込めたのかなど、クライアントに的確に説明し、プロジェクトに GOを出してもらうことが必要です。大規模なプロジェクトになりますと、決定までのフェイス・トゥ・フェイスによる何度ものプレゼンを経て、やっとデザインが決まるのです。かつては、カッコイイ絵さえ描ければ、あとは黙っていても提案が通る時代もありましたが、現在は、より良く説明することが求められる時代になりましたし、これからも一層説明のプロセスが重要になってくるでしょう。何となく好きだからとか、何となく嫌い、ではデザイナーとは言えません。優れたデザイナーは優れた口伝人でもあるのです。

実際のデザインのプレゼンには、ドローイングや模型などがありますので、それをもとに説明をするのですが、この口伝の演習ではビジュアル資料はありません。あえて口だけでデザインを伝える困難な課題をこなし、説明することに慣れれば、本番のプレゼンではビジュアル資料とともに余裕をもった気持ちで臨めるようになります。

また、口伝はコトバでカタチを伝えることから、いかに適切で、豊かな口頭表現ができるかにも成功のカギがあります。そのためには多くの良質な本を読み、文章を書くこともおろそかにできません。普段から本を読み、表現のボキャブラリーをできるだけ増やしておくことをオススメします。もちろん、空間系の雑誌や本の写真に記載されたキャプションは、カタチを伝える重要なキーワードなので、口伝の良い参考になるでしょう。

書き込み例

空間を口で伝えてみよう。
コトバから空間を読み取ろう。

Image　あなたの口伝をもとに友達が描いたメモ＆イラスト

Original　題材となった空間の写真を貼りましょう。

Artist/Designer

Project

Impression

書き込み例

空間を口で伝えてみよう。
コトバから空間を読み取ろう。

Image　　あなたの口伝をもとに友達が描いたメモ＆イラスト

Original　　題材となった空間の写真を貼りましょう。

| Artist/Designer
| Project
| Impression

書き込み例

空間を口で伝えてみよう。
コトバから空間を読み取ろう。

Image　　あなたの口伝をもとに友達が描いたメモ＆イラスト

Original　　題材となった空間の写真を貼りましょう。

Artist/Designer

Project

Impression

アーキヨガ

演習

身体で記憶する
デザインのカタチ。

　小さい頃、友達と椅子になったつもりで身体をくねらせ、どちらがより長くそのポーズを保つことができるか競い合ったことがあります。
　やり終えたあとは、膝がガクガクして、身体が痛くなりました。
　夢中で取り組んだポーズの椅子は、今にして思えばマルト・スタムのキャンティレバーの椅子に似ていたかもしれません。各部にかかる荷重は、いまだに身体が記憶しています。
　この演習では、空間を全身で身体表現する方法にトライします。

　大好きな建築やインテリアの写真を用意してください。まずそのデザインの特徴をつかみましょう。細かいディテールは単純なラインに置き換えて、書き込みシートにスケッチします。太めのサインペンなどで、サラッと描いてください。

　次に、スケッチを見ながら呼吸を整えましょう。等身大の鏡の前なら、ポーズをとりやすいかもしれません。あたかも建物やインテリアがあなたと一緒に呼吸している様子をイメージしてみます。
　呼吸に合わせて、身体でそのカタチをなぞっていきます。
　東京タワーの例だと、両足を肩幅より開き、思い切り息を吸い込んだ状態から、少しずつゆっくりと吐きながら下から上になぞり、途中の展望台で少し外にふくらみ、333mの頂上では手のひらを合わせて上へ上へと身体を伸ばし、息も吐き切ります。再度息を吸い込み、先ほどと同様に吐きながら、逆のプロセスを行います。
　それぞれ1分ずつ、合計2分程度で行ってください。

書き込み例

建築やインテリアのデザインの特長と構造を
身体で表現しよう。

Original 東京タワー

Image シンプルに描きましょう。

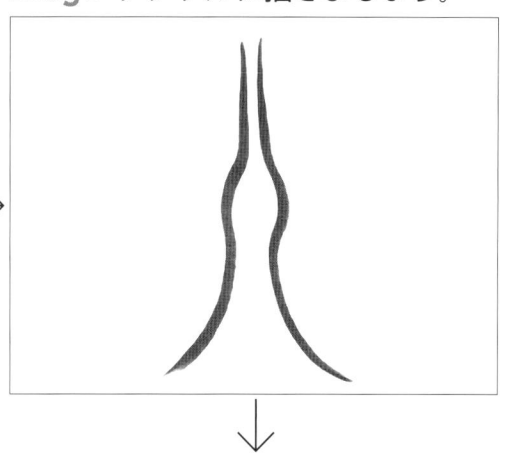

Yoga 身体で表現しましょう。

この演習でわかること
身体表現により、
デザインの意図が伝わってくる。

　アーキヨガは、文系の学生にデザインや建築のイメージを伝えるための方法として10年ほど前に考えたものです。体験したことのない空間を、写真を貼り込んだパワーポイントだけで説明しても、なかなか興味がもてないものです。その建築やインテリア、家具などの特徴をおおげさに解釈し、それを身体で模して表現すると、不思議と親近感が増すようです。またそのポーズに合わせて呼吸も整え、その後の演習に向かう気持ちの準備もできる副次的効果もありました。

　もともと身体・自然・建築・インテリアは、相互に関係し合うものでした。ハワイにはフラダンスがあります。音楽のリズムに合わせて、自然の事象を身体で表現します。波・雨・花……言語でイメージを伝える以前のコミュニケーション手段として、身体の動きで微妙なカタチのニュアンスを表現し、気持ちや思いを伝えます。

　この演習では、建築やインテリアのカタチを抽象化したスケッチで身体表現を行いました。建築やインテリアをデザインする行為には、デザインに対する思いがひそんでいます。この秘められたメッセージを、身体表現しながら想像することで、豊かな五感力・創造力をはぐくむことができるでしょう。

　ポーズをとる時は、カタチだけを真似するのではなく、そのデザインに込められたデザイナーのコンセプトも思い描きながら、取り組んでみてください。

建築やインテリアのデザインの特長と構造を
身体で表現しよう。

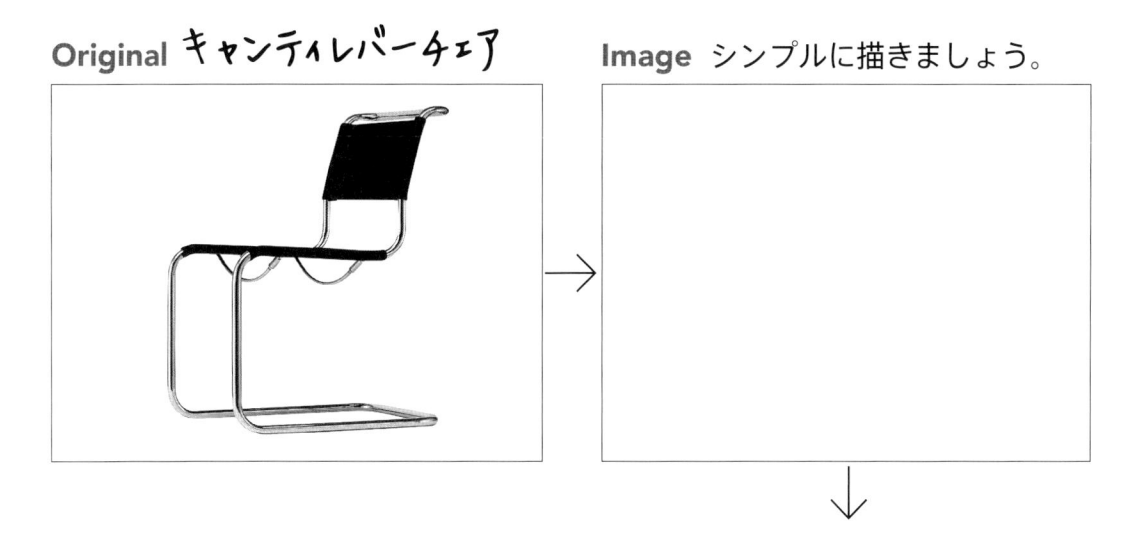

Original キャンティレバーチェア　　　　　**Image** シンプルに描きましょう。

Yoga 身体で表現しましょう。

ここにLサイズにプリントした写真を貼りましょう。

建築やインテリアのデザインの特長と構造を
身体で表現しよう。

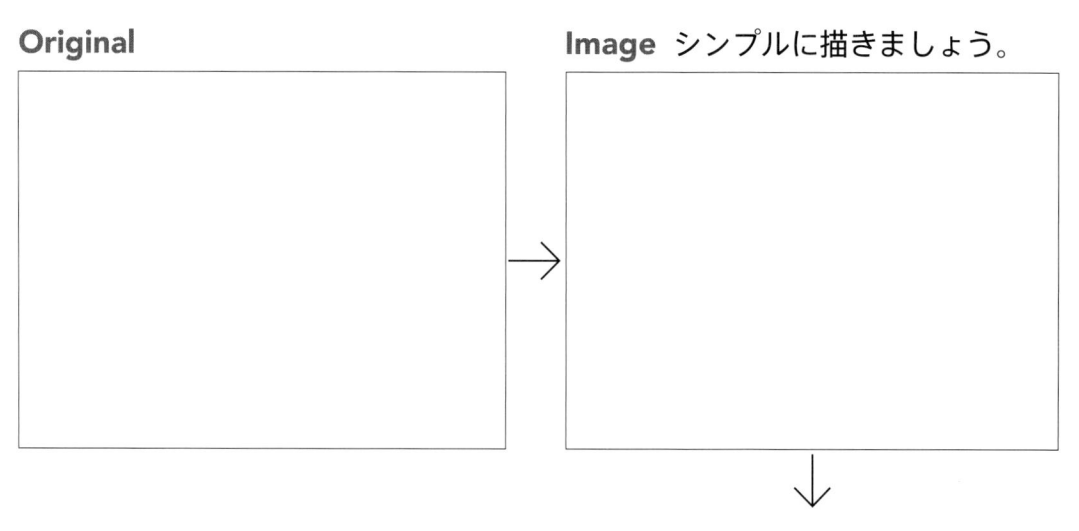

Original

Image シンプルに描きましょう。

Yoga 身体で表現しましょう。

ここにLサイズにプリントした写真を貼りましょう。

ウォーミングアップ エクササイズ

情報の贅肉を落としてみる。

新聞、雑誌、テレビ、パソコン、携帯電話など、大量に情報が流れるメディアに接する機会をできるだけ少なくしてみましょう。
クリエイティブな活動に必要な情報以外とは、なるべく距離を置いてみてください。
これは良し悪しですが、日本も、鎖国していた江戸時代には、ほとんど外国の影響を受けず日本ならではの素晴らしい文化が花開きました。
一切の先入観なしに五感のデザインセンサーを働かせる時間も、これで確保できるのではないでしょうか。

ウォーミングアップ エクササイズ

他ジャンルの雑誌や本を見る。

専門が建築やインテリアのデザインとはいえ、その情報だけでは五感のデザインイメージは刺激を受けません。同じジャンルで終始すると脳がルーティンと感じ、五感のセンサーを閉じてしまうのです。
書店に行った時に、普段はあまり立ち寄らないビジネス、哲学、医学、アート、ファッション、児童書など、他ジャンルのコーナーで足を止めてみましょう。
普段使わない感覚の回路が開き、思わぬデザインイメージのヒントになるかもしれません。

五感のデザイン日記

12 演習 日々の気づきで感性の扉を開こう。

経験は、よく引き出しにたとえられます。
クリエイティブな空間デザインには、多くの引き出しが必要です。そこに五感を組み合わせると、さながら「五感引き出し」といったところでしょうか。

デザインの課題を与えられるたびに悩むのではなく、今回はどの引き出しからコンセプトを練ろうかな、とワクワクして考えることができるといいですね。
その引き出しを増やすために、何気ない日常生活で心にとまった事柄を、メモやスケッチ、写真をそえて日記をつけてみましょう。テーマや進め方は自由ですが、週単位で考えると取り組みやすいかもしれません。
そして、その内容について感じたことを、文字で表現してみましょう。

日々のことですから、記入にはあまり時間をかけずに行うのが、長く続けるポイントです。1回の記入時間は、慣れればスケッチも含め5分程度で仕上がると思います。
毎日の、ちょっとした気づきのメモやスケッチが感性の扉を開くことになり、五感引き出しとしてあなたの未来のクライアントの感動を生む、コンセプトメイキングにつながります。

書き込み例

テーマを探し、スケッチまたは写真でフレーム内に表現しよう。

題名　日の丸弁当
年月日　2013・4・1
場所　自宅

Memo
ご飯の上に梅干しがひとつのシンプルなお弁当。日本の国旗にも通じた、空間を感じさせるフォルム。懐かしさを感じる。

日記のテーマを五感で表現しましょう。

視 Sight
ご飯（白）と梅干し（赤）のコントラストとバランスが美しい。

聴 Hearing
米の一粒一粒がひしめき合っている。ぎゅうぎゅう。

味 Taste
ご飯の甘さに梅の酸っぱさで目が覚めそう。

触 Touch
弾力があって、変幻自在。

嗅 Smell
太陽を浴び、雨風に耐えた、たくましい汗のイメージ。

この演習でわかること
毎日の「気づき」の積み重ねが、未来のあなたをつくる。

「私、頭が固いんです」
「アイディアが考えても出ないんです」
「私にはデザインセンスがありません。デザイナーにはなれませんか?」

大学で学生と接していると、こういった悩みの相談を多々受けます。残念ながら即効性のある、この1冊の本を読めばいいとか、ここへ行けばたちどころに解決するなどといったことはありません。私のアドバイスは決まっています。「日々体験している空間の中に必ずヒントがあります。五感のアンテナを意識的に立てて、外に出かけましょう!」です。

なかには生まれた時からの天才的なデザイナーもまれにいるかもしれませんが、経験年数を積んで、初めて豊かなデザインができるようになるものです。なんだ、そんなことは今さら聞かなくてもわかっている、と思うかもしれません。しかしこの経験年数が曲者です。ただ漫然と過ごす人と、意識して日々取り組む人では、大きく結果が違ってきます。先日高校の同窓会でこう聞かれました。「高校の時、美術部にも入っていなかったし、デザインに縁遠かった君が、どうしてデザインを仕事にできたの?」

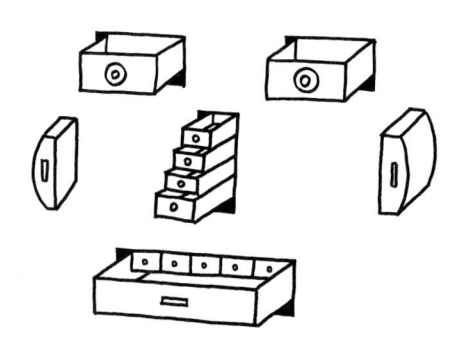

アメリカの大学で、インテリアデザインを志した20代前半。「デザインセンスを磨きたい」「新しい発想が欲しい」「頭を柔らかくしたい」と思っていました。アメリカでは学生証を見せれば、美術館や博物館に無料で何回でも自由に出入りできました。さらに館内でスケッチをしてもとがめられません。そこで毎日朝晩、美術館に行き、スケッチとメモを重ねました。さらにその道すがら、建築やショーウインドー、行き交う人のファッション、レストランやカフェでの食事中は食器などもじっくり見て、感じて、メモを取りまくりました。

そんな生活を続けて1年ほどたつと、次第にデザインの課題がたびたび教授に褒められるようになり、なかなか出なかったアイディアもスムーズに出てくるようになったのです。また苦手意識のあったスケッチも、クールだと言われ始めました。

この毎日の繰り返しのメモ&スケッチでわかったことは、「量が質に変わるのは本当だった」「頭は柔らかくできる」「センスは日々磨かれる」。

あなたも、この日記を続けてデザインの引き出しを増やしてみませんか?

テーマを探し、スケッチまたは写真でフレーム内に表現しよう。

題名　　　　　　　　Memo

年月日　　　・　・
場所

日記のテーマを五感で表現しましょう。

視 Sight
触 Touch
聴 Hearing
嗅 Smell
味 Taste

テーマを探し、スケッチまたは写真でフレーム内に
表現しよう。

題名　　　　　　　　　Memo

年月日　　　・　・
場所

日記のテーマを五感で表現しましょう。

視 Sight
触 Touch
聴 Hearing
嗅 Smell
味 Taste

テーマを探し、スケッチまたは写真でフレーム内に
表現しよう。

題名　　　　　　　　　Memo

年月日　　　・　・
場所

日記のテーマを五感で表現しましょう。

視 Sight
触 Touch
聴 Hearing
嗅 Smell
味 Taste

テーマを探し、スケッチまたは写真でフレーム内に
表現しよう。

題名　　　　　　　　　　　Memo

年月日　　　　・　・
場所

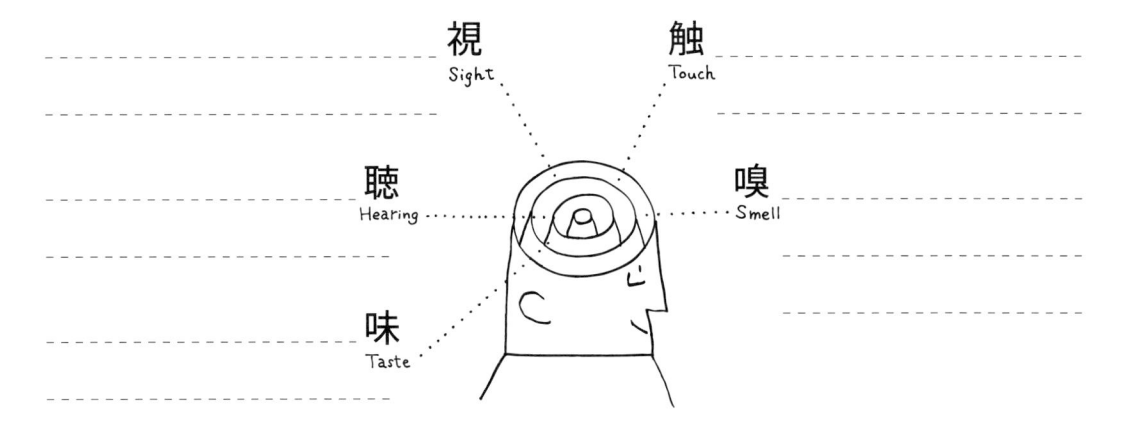

日記のテーマを五感で表現しましょう。

視 Sight
触 Touch
聴 Hearing
嗅 Smell
味 Taste

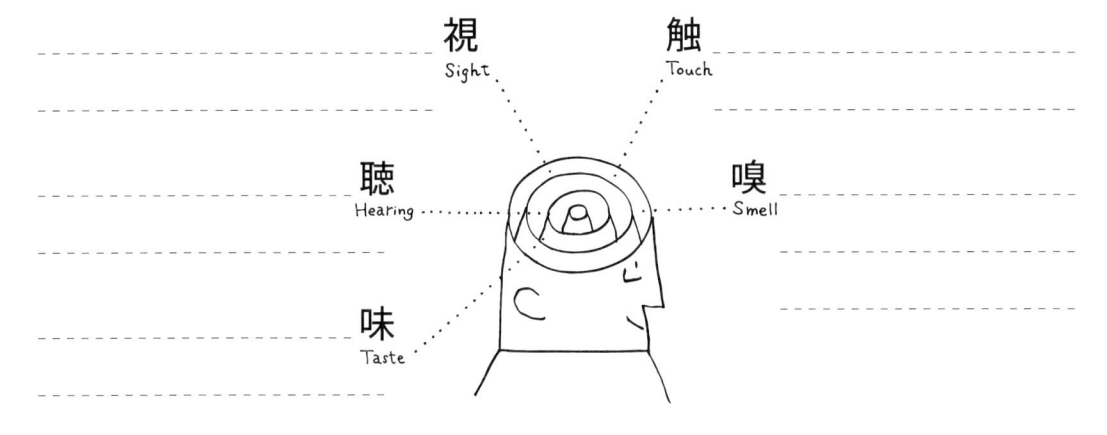

テーマを探し、スケッチまたは写真でフレーム内に表現しよう。

題名　　　　　　　　　　Memo

年月日　　　　・　・
場所

日記のテーマを五感で表現しましょう。

視 Sight
触 Touch
聴 Hearing
嗅 Smell
味 Taste

テーマを探し、スケッチまたは写真でフレーム内に表現しよう。

題名　　　　　　　　　　　Memo

年月日　　　・　・
場所

日記のテーマを五感で表現しましょう。

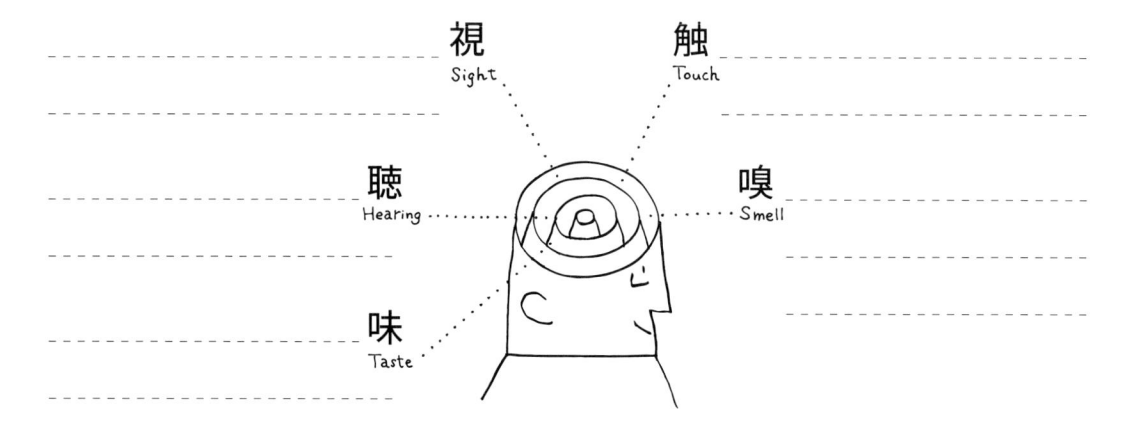

視 Sight
触 Touch
聴 Hearing
嗅 Smell
味 Taste

テーマを探し、スケッチまたは写真でフレーム内に表現しよう。

題名　　　　　　　　　Memo

年月日　　　・　・

場所

日記のテーマを五感で表現しましょう。

視 Sight
触 Touch
聴 Hearing
嗅 Smell
味 Taste

ウォーミングアップ エクササイズ

裸足で床や大地を感じる。

目・耳・口・鼻・手足のうち、最も長い時間カバーされてしまっているのは足でしょう。
寝ている時以外は大抵靴下や靴、スリッパなどで分厚くカバーされ、直接足の裏から刺激を得る機会は少なくなっていると思います。
時には裸足で動き回ってみましょう。
そして、床材の違いによる感触の違いを味わいます。すべて知っていると思っていた自宅でさえ、多様な床材の感触があるのを再発見するかもしれません。
また、裸足になれる公園や海に行き、意識して足の裏に眠っている感覚に問いかけてみましょう。

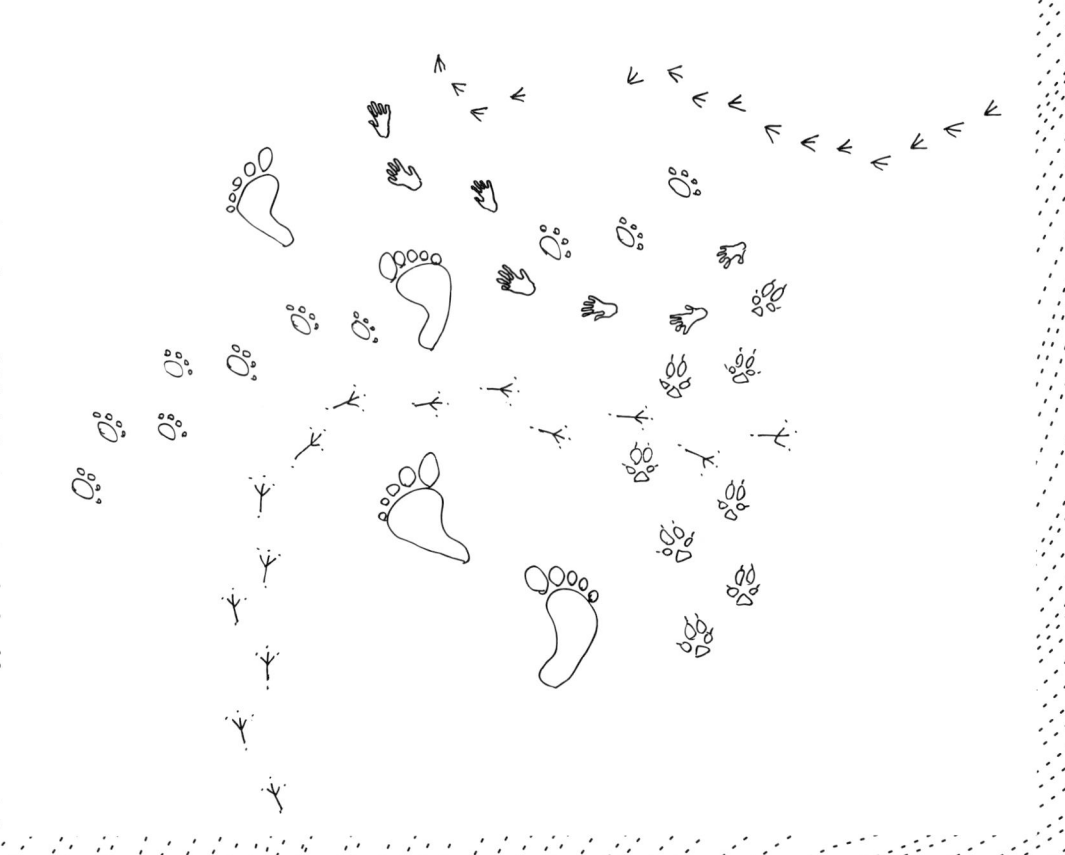

おわりに

みなさんは、この本で五感を刺激する一連のデザイン演習に取り組んできました。それによって今まで気にもとめなかった感覚に出会い、新たな発見を楽しみ、好奇心をもって取り組んでもらえたなら、こんなに嬉しいことはありません。
これからも、何気ない日常の生活空間を、五感を研ぎ澄まして感じてみてください。その習慣や姿勢は、やがてデザインに取り組む時の豊かな創造性をはぐくみ、あなたの中にひそむカギのかかった感性の扉を開くきっかけとなるでしょう。

コンピュータ社会へのアンチテーゼの意味も込めた五感のデザインコンセプトで、日本テレコム株式会社（現ソフトバンクテレコム株式会社）のインテリア空間（コンセプト：横山稔、設計・施工：明豊ファシリティーワークス株式会社）を手がけてから10年が経とうとしています。その後、情報化社会はさらに加速し、デザイン分野でもコンピュータで解決可能なことが飛躍的に増えましたが、それに反比例して「五感を研ぎ澄ますこと」の重要性はさらに高まったように感じています。何となく居心地がいいなとか、何となく落ち着いて幸せなキモチになるといった、目に見えないけれども大切な気配や時代の空気感をデザインする能力は、コンピュータが進化しても必ず求められていくでしょう。

この本は、皺や染みがついて使い込むほど、あなただけの「五感のデザインBOOK」となります。いつか新たなデザインコンセプトを立てたり、計画に迷い、悩む時には、再びこの本を手に、深呼吸をしながらめくってみてください。
そして　Don't "think", just let your "senses" flow…

最後に、デザインのことを書き始めるとイメージが広がりがちな僕をナビゲートしてくれた編集の大塚由希子さん、五感のイメージをビジュアル化してくれた、友人で同僚の小田敬子さんと、イラストレーターの中野直さんに、心からお礼を申し上げます。また、米国アリゾナ州立大学デザイン学部で、世界初の「五感のデザイン演習」を行うきっかけを与えていただいた元学部長のRobert.Lee.Wolf氏、五感に関わる講義や演習に深い理解を示していただいている文化学園大学の造形学部建築・インテリア学科の先生方にも深く感謝いたします。そして、「五感のデザイン」のコンセプトメイキングに関わってくれた私のパートナーの陽子に、たくさんのありがとう。

平成25年2月吉日

横山 稔

横山 稔（よこやま みのる）

女子美術大学芸術学部アート・デザイン表現学科・スペース表現領域 特別招聘教授。文化学園大学大学院生活環境学研究科 特任教授。空間デザイナー、五感のデザイン研究所 所長

日本大学理工学部建築学科卒業。米国（ニューヨーク）プラット大学大学院インテリアデザイン学科修了、修士。Gensler and Associates Architects（サンフランシスコ）、日建設計勤務、アリゾナ州立大学助教授、武蔵野美術大学非常勤講師、静岡文化芸術大学准教授などを経て、International Interior Design Association 最高名誉会員

専門は、五感の空間デザイン・アート。日本デザイン学会正会員

主な作品に「ヤフー株式会社（六本木ヒルズ）」「ソフトバンクテレコム株式会社」（ともに明豊ファシリティーワークス株式会社とのコラボレーション）等がある。家具作品は、フランスのデザインビエンナーレや米国の O.C.C. Fine Arts Gallery、日本の GALLERY le bain、ギンザコマツアートスペースなどで発表、国立民族学博物館のパーマネントコレクションにも選定されている。2013年には、本書がデザイン教育の取組みを評価され、グッドデザイン賞を受賞した。2014年、建築的なウェディングリング（「awaseru」）のデザインで、ドイツの 2014 iF プロダクトデザインアワードを受賞。さらに 2020年には、木造建築技術「継手」からインスピレーションを得たスポーツシールドを第32回 袋井クラウンメロンマラソン用に開発・製品化した。

[協力者（本書の演習アイデア提供）]

横山 陽子（よこやま ようこ）

女子美術大学芸術学部アート・デザイン表現学科・スペース表現領域 非常勤講師。文化学園大学 非常勤講師。五感のデザイン研究所 所員。

[DTP・装幀]

小田 敬子（おだ けいこ）
デザインユニット Design Blitz

東京藝術大学大学院美術研究科修士課程修了。
デザインユニット Design Blitz、文化学園大学を経て、現在に至る。専門はコミュニケーションデザイン。
グラフィックデザインを中心とした制作を多数手がける。

[イラスト]

中野 直（なかの すなお）
株式会社サン・アド勤務

東京藝術大学大学院美術研究科修士課程修了。
サントリー株式会社を経て、現在に至る。
イラストレーション、グラフィックデザインを中心に広告制作を多数手がける。

写真撮影者・提供者・協力者
神中智子提供/p.2
彰国社写真部（畑 拓）/p.4 上・中、p.5 上、p.21
横山 稔/p.4 下、p.75（モデル：小田実祈子）、p.81

五感のデザインワークブック　「感じる」をカタチにする
2013年4月10日　第1版　発　行
2025年4月10日　第1版　第4刷

著　者　横　山　　　稔
発行者　下　出　雅　徳
発行所　株式会社　彰　国　社

著作権者との協定により検印省略

自然科学書協会会員
工学書協会会員

Printed in Japan

© 横山稔 2013年

162-0067　東京都新宿区富久町8-21
電　話　03-3359-3231　（大代表）
振替口座　00160-2-173401
印刷：壮光舎印刷　製本：誠幸堂

ISBN 978-4-395-02307-3 C3052　https://www.shokokusha.co.jp

本書の内容の一部あるいは全部を、無断で複写（コピー）、複製、および磁気または光記録媒体等への入力を禁止します。許諾については小社あてご照会ください。